Nos Passos De Nietzsche
Jonathan R. Cohen

Copyright © EditoraNTN 2022
Copyright © Fernando Mendes de Sousa

Primeira edição

Tradução por Fernando Mendes de Sousa

Obra original em inglês "In Nietzsche's Footsteps" ISBN 978-1-926716-48-0 publicado pela 8th House Publishing, outubro de 2018,

Todos os direitos reservados sob as convenções internacionais e pan-americanas de direitos autorais. Nenhuma parte deste livro pode ser reproduzida em qualquer forma ou por qualquer meio electrónico ou mecânico, incluindo sistemas de armazenamento e recuperação de informações, sem permissão por escrito do editor, excepto por um revisor, que pode citar breves passagens numa revisão.

ISBN 978-1-926716-68-8

Um registo de catálogo CIP para este livro está disponível na Library and Archives Canada, Library of Congress dos E.U.A e/ou na Biblioteca Nacional de Portugal.

Todos Direitos Reservados.

EDITORA NTN

NOS PASSOS DE NIETZSCHE

Jonathan R. Cohen

Tradução por
Fernando Mendes de Sousa

AGRADECIMENTOS

A PRIMEIRA pessoa a agradecer é Paul Gies e ele não faz ideia do porquê. Quando eu era Director de Educação Geral na minha universidade e senti a necessidade de fazer os meus *e-mails*, em todo o campus, joviais e encantadores para desenvolver suporte para os projectos que eu estava a tentar promover, Paul, que é um matemático e um *emailer* notoriamente perspicaz, respondeu a um deles, dizendo: "Jonathan! (é assim que ele trata os seus *e-mails*—primeiro nome seguido de ponto de exclamação) Este último *e-mail* soou tão parecido a *ti*." E isto fez-me perceber que, sem realmente tentar, eu tinha desenvolvido uma voz e isto deu-me a confiança para experimentá-la numa peça não erudita e agora, querido leitor, você segura-a nas suas mãos. Então obrigado, Paul.

A segunda pessoa a agradecer é Michael Burke e ele também não tem ideia do porquê. Michael costumava leccionar na minha universidade e o seu livro, o qual trata de uma aventura em água branca[1] realizada durante os últimos meses de gravidez da sua esposa, não foi publicado até que a sua filha se formasse no ensino médio. Isto deu-me a confiança para continuar, apesar de demorar tanto tempo no meu próprio livro que os meus filhos cresceram muito além das formas em que são retratados aqui, tendo superado (entre outras coisas) a maneira como a ordem de tamanho deles correspondia à sua idade. Desde a caminhada nos passos de Nietzsche, nós fizemos muitas outras viagens em família, todos os meus filhos se formaram no ensino médio e duas na faculdade. Três eleições presidenciais vieram e se foram, os *chips* de computador evoluíram para uma fracção do seu tamanho anterior, incontáveis impérios aumentaram

---

[1] N.T. turbulência num rápido onde a água espumosa da corrente aparece em cor branca.

e caíram, milhares de espécies foram extintas, enquanto algumas novas evoluíram, *etc.*, e ainda aqui estou eu a agir esperançosamente. Então obrigado, Michael.

O terceiro agradecimento vai para a Universidade do Maine em Farmington por financiar um período sabático durante o qual eu pude ter algum tipo de compreensão sobre o meu material e escrever alguns rascunhos do livro.

O quarto agradecimento surge graças a todos os que leram esta peça em rascunho: Linda Britt, Kristen Case, Gretchen Legler e especialmente Matthew Freytag que, tendo vivido como um nómada filosófico e como um homem de família, conhecia ambos os lados da equação deste livro e cujos comentários de ambas as perspectivas foram imensamente úteis. O agradecimento pela etapa final de edição vai para Emery Moreira, Annah-Lauren Bloom e Victoria Cohen.

O quinto, finalmente, e acima de tudo—o agradecimento à minha família. Continuarei a asseverar algumas páginas a partir de agora de que eu poderia ter vivido o caminho de Nietzsche, um solitário viandante só com o seu caderno; a minha família pode não acreditar mas isto é realmente verdade. E portanto, eu tenho de lhes agradecer por me darem espaço, oportunidade e encorajamento para cozinhar, esquiar, apreciar novas músicas, ver filmes que eu não teria visto de outra forma, ouvir concertos que eu não teria assistido, fazer inúmeras outras coisas que eu não teria imaginado fazer anteriormente e, claro, tocar corações—em suma, por me compelirem a viver. Nietzsche escreve muito sobre "as necessidades da vida", porém o que ele nunca menciona é a família. A sua filosofia é mínima em relação a isto, e a minha é melhor em prol disto (embora a dele seja ainda assim melhor, é claro). De qualquer forma—obrigado, pessoal.

Dedicatória

CADA FAMÍLIA tem o seu modo especial de abordar a viagem. O nosso modo é que nunca, jamais despacharemos a bagagem.

Uma série de más experiências convenceu-nos: não é que as companhias aéreas façam um mau trabalho com a bagagem despachada; é que elas simplesmente *não se importam*.

Uma vez, uma das nossas malas despachadas continha um passaporte. Uma vez, a minha mala despachada continha o papel que era suposto eu ler no dia seguinte numa conferência.

Nunca mais.

Agora viajamos ligeiros por toda parte, não importa a distância, não importa a ocasião, não importa o intervalo de tempo. É mais seguro lavar a roupa. Como resultado, os nossos filhos, praticamente a partir do momento em que podiam andar, têm tido as suas próprias *rollaboards*.[2] Vá *on-line* e confira-as: Empresas de bagagem fazem-nas realmente atraentes, *rollaboards* em tamanho para criança e cada pequeno detalhe ajuda.

E assim, quando passamos por aeroportos, nós formamos uma linha de seis *rollaboarders* de várias alturas, puxando seis *rollaboards* de vários tamanhos e cores, e seguimos como patinhos em fila pelos corredores e passagens, subindo e descendo as escadas rolantes, à volta e perto dos terminais.

Uma vez, alguns anos atrás, para manter o ânimo e validar os esforços deles—e porque eles pareciam tão bonitinhos numa linha, puxando as suas *rollaboards*—a minha esposa apelidou os nossos filhos de "Os Viajantes Profissionais".

É a eles que este livro é dedicado.

---

2   N.T. bagagens de mão, com rodas.

Ai, para onde ainda deverei eu subir agora com o meu anseio? De todas as montanhas olho eu à procura de pátrias e mátrias. Mas em lugar nenhum encontrei o meu lar; um fugitivo sou eu em todas as cidades e uma partida em todos os portões. Estranhos e motivo de escárnio para mim são os homens de hoje a quem o meu coração recentemente me atraiu; e sou expulso de todas as pátrias e mátrias. Assim, eu agora amo somente a terra dos meus filhos, *ainda não descoberta, no mar mais distante: para isso eu ofereço as minhas velas para ir à procura.*[3]

---

3 Z II.14

Nos PASSOS de NIETZSCHE

FONTES DE CITAÇÕES

Chave para citações:

A = *The Antichrist*, trans. Kaufmann (O Anticristo)

BT = *The Birth of Tragedy*, trans. Kaufmann (O Nascimento da Tragédia)

CW = *The Case of Wagner*, trans. Kaufmann (O Caso Wagner)

BGE = *Beyond Good and Evil*, trans. Kaufmann (Para Além de Bem e Mal)

EH = *Ecce Homo*, trans. Kaufmann

GM = *On the Genealogy of Morals*, trans. Kaufmann (A Genealogia da Moral)

GS = *The Gay Science*, trans. Kaufmann (A Gaia Ciência)

HAH = *Human, All-too-Human*, trans. Hollingdale (Humano, Demasiado Humano)

NCW = *Nietzsche Contra Wagner*, trans. Kaufmann (Nietzsche Contra Wagner)

T = *Twilight of the Idols*, trans. Kaufmann (Crepúsculo dos Ídolos)

UM = *Untimely Meditations*, trans. Hollingdale (Considerações Intempestivas)

Z = *Thus Spoke Zarathustra*, trans. Kaufmann (Assim Falava Zaratustra)

Allison = *The New Nietzsche*, David Allison, Dell, 1977
Chamberlain = *Nietzsche in Turin*, Picador USA, 1996
Hayman = *Nietzsche: A Critical Life*, Penguin Books, 1982
Kaufmann = *Nietzsche*, Princeton Univ Press, 4ª edição, 1975
Kierkegaard = *Concluding Unscientific Postscript*, transl. Hong, Howard & Hong, Edna, Princeton University Press, revisto em 2013
Krell & Bates = *The Good European*, Univ of Chicago Press, 1997
Middleton = *Selected Letters of Friedrich Nietzsche*, originalmente publicado por University of Chicago Press, 1969, reimpresso por Hackett Publishing Company, 1996
The Portable Nietzsche, ed. Kaufmann, The Viking Press, 1954, reprinted by Penguin Books, 1976

Os escritos de Nietzsche são citados por número de trabalho e secção, Middleton por número de carta e os demais por número de página.

N.T.: Nota do Tradutor

Conteúdo

AGRADECIMENTOS	v
DEDICATÓRIA	vii
Prólogo – Decidindo Aonde Ir	5
Nacionalismo para Nomadismo	11
Do Nosso Jeito	23
Amor Fati e *Ressentiment* na Baviera	35
Regando a Alma na Riviera	54
O Viver Nietzschiano na Velha Nice	63
O Eterno Retorno de Èze	73
A Longa Caminhada Nietzschiana	91
Nice *Moderne:* Nietzsche & o Artista	105
Ascensão: Nice para Turim	117
Shabbat – *chiuso per restauro*	131
Moralidade & Açoitando Cavalos	139
Nobreza & o Último Homem	150
Vontade de Poder na Torre Mole	160
Salomé à Beira do Lago	177
Subida a Sils Maria	188
Vivendo Perigosamente	195
Perspectivismo & a Vista de Cima	210
Haus de sonho de Nietzsche	219
Terra dos Meus Filhos	229
Epílogo	235
ÍNDICE	239

Prólogo:
Decidindo Aonde Ir

EM 2008, OS VIAJANTES Profissionais tinham idade suficiente—Sam dezassete, Rosie quinze, Eli doze e Miriam dez—para apreciar e relembrar uma viagem à Europa. Mas a Europa é um lugar grande—aonde exactamente iremos nós? Vicky e eu dissemos às crianças para vasculhar *on-line*, e nós os dois também, no meio das nossas outras responsabilidades. Arranjámos livros de viagem da biblioteca e eu olhei novamente para o meu antigo exemplar de *Let's Go: Europe*. Tornou-se o principal tema da nossa conversa de jantar durante todo o inverno, com todos a forçar um destino diferente.

Finalmente, Vicky, reconhecendo que eu estaria a fazer 50 anos no próximo verão, perguntou-me se havia algum lugar aonde eu sempre tivesse desejado ir. "Bem," disse eu, "sempre tive curiosidade de ver Turim. Era a cidade preferida de Nietzsche—o lugar em que ele viveu nos últimos meses da sua vida consciente—e, nas suas cartas, ele dá a entender que é realmente maravilhosa."

Então começámos a olhar para Turim (Torino em italiano, mas eu vou optar por Turim, maioritariamente, visto que esse é o nome que Nietzsche e os seus biógrafos usam). Não é um lugar que os turistas Americanos tendam a visitar, no entanto tem algumas atracções agradáveis. Além disso, Turim é o lugar onde os Europeus descobriram o que fazer com o chocolate que os conquistadores tinham trazido do Novo Mundo. A chave tinha sido adicionar açúcar, criando assim o que para a minha família constitui todo um próprio grupo de alimentos. Começámos a considerar Turim e possivelmente combiná-la com Veneza e outras cidades do norte da Itália.

"Embora tu saibas," acrescentei eu alguns dias depois, "também sempre quis ver Sils Maria, na Suíça. É uma pequena cidade perto de St. Moritz. É onde Nietzsche passava os seus verões. A sua hospedaria foi preservada como uma espécie de pequeno museu em prol dele. Há também uma placa no local onde ele pensou no Eterno Retorno. Eu sempre quis fazer uma peregrinação lá."

Alguns dias depois, abri o *The Good European*. Este é um livro de David Farrell Krell, estudioso sobre Nietzsche, e do fotógrafo Donald L. Bates, o qual apresenta fotografias de muitos dos lugares que Nietzsche frequentou e visitou, juntamente com trechos dos escritos e cartas de Nietzsche em que directamente menciona estes lugares, ou tão poderosamente considera, como se inspirado por eles.

Folheando este livro notável—sem o qual, admito francamente, o presente não poderia ter sido escrito—deparei-me com uma carta que eu tinha visto anteriormente nas biografias de Nietzsche mas que não apreciara totalmente. Nietzsche escreveu em 1888 pouco depois de estabelecer residência na que rapidamente se tornou a sua cidade favorita:

> Eu descobri *Turim* ... Turim não é uma cidade conhecida, é? O educado Alemão viaja directamente por ela. Concedendo a minha dureza de coração diante de tudo o que a educação recomenda, eu estabeleci Turim como a minha *terceira* residência, com Sils-Maria como a primeira e Nice como a segunda. Quatro meses em cada lugar: no caso de Turim são dois meses na primavera e dois no outono....[4]

---

4   Carta para Reinhart von Seydlitz, 13 de Maio de 1888, em Krell & Bates 224

Li a carta a Vicky para explicar o amor de Nietzsche por Turim, mas depois fiquei impressionado com os outros lugares mencionados. Eu tinha pensado acerca de Sils Maria há muito tempo, mas não acerca de Nice. Lembrei-me de que Nietzsche assinou alguns dos seus prefácios da década de 1880 como tendo sido escritos em Nizza, que é o italiano para Nice, mas era praticamente tudo o que eu sabia sobre isto. Olhámos para um mapa e vimos que Nice, Turim e Sils Maria formam uma linha que vai do sudoeste para o nordeste. Juntas, elas oferecem três diferentes zonas geográficas, a Riviera, o Piemonte e os Alpes, além de cinco idiomas diferentes—Francês, Italiano, Alemão, Niçardo, o qual, fortuitamente nós aprendemos, é um dialecto Provençal falado apenas em Nice, e Romanche, uma mistura única de fontes linguísticas Românicas e Germânicas faladas em Engadine, região da Suíça onde Sils Maria está localizada. Ao visitar estes três lugares, nós veríamos praias e montanhas, galerias de arte moderna e ruínas Romanas, praças urbanas e paisagens Alpinas.

Então, Nice completava o conjunto perfeito de amostra Europeia. E com isso, nós tínhamos o nosso itinerário: Nice, Turim, Sils Maria, cerca de cinco dias em cada. Sam investigou a viagem de comboio; Rosie verificou os mercados de artesanato; Eli procurou parques e caminhadas; e Miriam revisou museus e restaurantes. Adquirimos guias, mapas e livros de frases, e começámos a arranjar as *rollaboards*.

NA MINHA mente, eu dei à viagem um título formal, "In Nietzsche's Footsteps", que achei apropriado de duas maneiras— não apenas seguiríamos o caminho das peregrinações de Nietzsche de residência em residência mas também estaríamos caminhando em muitas das ruas e caminhos reais, que é sabido ele os ter percorrido. Nietzsche caminhava diária e vigorosamente, às vezes por sete ou oito horas seguidas, carregando um caderno de anotações. Muitas das suas ideias vieram-lhe nesses tempos e muitas passagens nos seus escritos foram iniciadas a pé. Na sua autobiografia, *Ecce Homo* (escrito em Turim), ele compartilha o seu código pessoal para o dia-a-dia, do qual isto faz parte:

> *Senta-te* o menos possível; não dês crédito a qualquer pensamento que não tenha nascido ao ar livre enquanto te movimentas livremente— no qual os músculos não estejam a celebrar um festim, também... A vida sedentária... é o verdadeiro pecado contra o espírito santo. [5]

Eu interpreto isto fisiologicamente (uma mente oxigenada funciona melhor, diríamos agora) e experiencialmente— estar-se no mundo, envolvido com ele em oposição a ficar enclausurado nalgum escritório ou biblioteca, emparedado da vida real.

Nos Passos de Nietzsche, pareceu-me, ao mesmo tempo, um título apropriado para um projecto de escrita no qual eu discutiria a vida e os escritos de Nietzsche. Mas não demorou muito para a ironia acertar. Eu poderia estar seguindo fisicamente os passos de Nietzsche, porém no meu plano de vida não o segui. Eu escolhi ser um marido, um homem de família, um titular de emprego, enquanto Nietzsche escolheu uma vida solitária. Depois que o seu pai e o seu irmão morreram jovens, Nietzsche fugiu da sua mãe e da sua irmã. Ele renunciou ao seu posto académico, oficialmente por causa da doença mas também por causa do desencanto mútuo. Ele foi rejeitado pela única mulher que amava, bem como por várias outras a quem ele fez breves propostas e mutuamente embaraçantes. Ele rompeu com amigo após amigo. Viveu como andarilho,

---
5 EH esperto.1

mudando de pensão para pensão, mudando de residência várias vezes por ano e às vezes várias vezes por mês. Ele quebrou com a idade de quarenta e quatro anos de muita tensão, muito trabalho e muita solidão.[6] Ele não chegou aos cinquenta, pelo menos conscientemente. Ele não tinha esposa nem filhos. Ao contrário de mim, ele rompeu com a religião da sua educação.

Na verdade, Nietzsche e eu somos tão diferentes que é uma maravilha permitirem-me ensinar e escrever sobre ele. Como poderia eu entender alguém tão diferente? Como posso afirmar ser um devoto do seu trabalho quando parece que não segui o seu exemplo? Como posso dizer que ele me ensinou coisas quando parece que nada aprendi com ele? Eu digo às pessoas que ele é um grande filósofo, em parte porque ele traz a filosofia para a terra e fornece *insights*[7] sobre como viver, mas eu não pareço estar a viver de acordo com os preceitos dele.

Este paradoxo poderia ser uma questão totalmente pessoal se não fosse pelo facto da própria cultura ocidental seguir os passos de Nietzsche em certo sentido. Quem estuda Nietzsche pode facilmente ver a filosofia dele em acção no mundo ao nosso redor, no declínio da religião, da crença na verdade absoluta, e do nacionalismo,[8] e inversamente na ascendência do naturalismo científico, do perspectivismo, do individualismo, e do cosmopolitismo cultural Europeu. E assim as pessoas que participam destas mudanças culturais—que somos quase todos nós, ou seremos, tendo em conta a globalização—estão, quer saibamos ou não, seguindo também os passos de Nietzsche.

Mas aqui está a questão—*devemos* nós seguir os passos

---

6   E tudo isto provavelmente se acumulou em cima de uma condição médica subjacente. Até bem recentemente, os biógrafos de Nietzsche geralmente atribuíam o colapso à sífilis, embora eu deva dizer que isso nunca me pareceu especialmente plausível à luz da escassez da actividade sexual de Nietzsche. A pesquisa mais recente muda o preferencial diagnóstico para o lento crescimento do meningioma retro-orbitário do lado direito. Veja Leonard Sax, "Qual foi a Causa da Demência de Nietzsche?" *Journal of Medical Biography* 2003; 11: 47-54.
7   N.T. discernimentos
8   No momento em que este livro vai para o prelo, o nacionalismo parece estar em ascensão novamente, no entanto eu argumentaria que isto é uma reacção contra um inegável movimento em direcção a uma crescente integração entre as linhas nacionais.

de Nietzsche? Podemos examinar esta questão no contexto de uma vida vivida com Nietzsche como exemplo. "Eu beneficio-me de um filósofo apenas na medida em que ele pode ser um exemplo,"[9] disse Nietzsche, escrevendo sobre Schopenhauer mas significando para todos os filósofos. Que exemplo estabeleceu Nietzsche tanto na sua vida quanto no seu pensamento? *Pode* ele ser seguido e, em caso afirmativo, seria sensato fazê-lo?

---

9   UM III.1

Nacionalismo para Nomadismo

ALGUMA INFORMAÇÃO é necessária antes que possamos entender por que estamos nós a viajar neste itinerário. Como foi que este filósofo alemão viveu metade da sua vida fora da Alemanha? Como foi que este brilhante erudito não tinha lar fixo? Por que andar nos passos de Nietzsche exige viagens para a França, a Itália e a Suíça?

Nietzsche nasceu em 15 de Outubro de 1844, em Röcken, uma pequena cidade na Saxónia, uma província da Prússia. O seu pai, um pastor Luterano, morreu quando Nietzsche tinha apenas cinco anos de idade. (Aqueles que desejam ver algum significado nisto para um homem que mais tarde proclamou que Deus está morto não são, pelo presente, desencorajados a fazê-lo.) Suspeitamos agora que a causa da morte do seu pai foi uma queda grave e consequente concussão, porém o próprio Nietzsche acreditou que a causa da morte foi o "amolecimento do cérebro". Esta crença e a acompanhante superstição, de que a condição era hereditária, pairaram sobre Nietzsche durante toda a sua vida. Por um lado, ele esperava encontrar o mesmo fado na mesma idade (trinta e seis), de modo que, quando sofreu uma série de problemas de saúde em 1880, ele achou que poderia ser o seu fim. Sobrevivendo a isto, ele sentiu que tinha recebido uma inesperada benesse de vida, e a simples emoção de estar vivo que marca os seus escritos durante o resto da década de 1880 é inconfundível.

Nietzsche foi criado pela sua mãe, uma pessoa devota e bem-intencionada mas (aos olhos do filho, pelo menos) geralmente uma pessoa ineficaz. Ele teve um irmão mais novo mas apenas por pouco tempo—o irmão morreu aos dois anos de idade, cerca de um ano após a morte do seu pai. O resto da casa consistia de uma irmã mais nova, Elisabeth, duas tias solteiras e a sua avó. (Aqueles que desejam ver algum significado neste agregado familiar exclusivamente feminino em relação à posterior misoginia de Nietzsche também não são, pelo presente, desencorajados a fazê-lo.)

Nietzsche era uma criança estudiosa e dada à leitura. Ele e os seus amigos, aos dez anos de idade, formaram uma pequena sociedade intelectual que exigia que eles se preparassem e dessem palestras sobre vários tópicos académicos. Pelo menos, Nietzsche deu algumas palestras—não está claro se os seus amigos foram capazes de dar algumas também, ou se o acompanharam quando ele estava a falar. Ele frequentou internatos de prestígio e foi um estudante brilhante. Estudou teologia e clássicos na universidade. O primeiro interesse caiu prematuramente, junto com a sua fé, irritando a sua mãe. Todavia ele era tão bom no segundo que em 1868, na tenra idade de vinte e quatro anos, antes mesmo de terminar o seu doutoramento, foi premiado com a prestigiosa cadeira de clássicos da Universidade de Basel. Em parte, isto foi um crédito para a reputação do seu professor, Jakob Ritschl, o qual estabeleceu compromissos semelhantes para vários dos seus alunos. No entanto, até hoje, Nietzsche continua sendo um dos mais jovens professores titulares de sempre, em qualquer parte do mundo.

Não obstante, a sua carreira académica não foi particularmente boa. O problema não era uma aprendizagem muito breve. Mais propriamente, a personalidade de Nietzsche—sempre ansiosa para revogar as coisas e não muito dada ao jogo em equipa—não era adequada para a academia. Por exemplo, a primeira obra publicada de Nietzsche, *O Nascimento da Tragédia,* desafiou toda a propriedade académica. Não fazia referência a prévios estudos académicos, dando em vez disso uma análise muito intuitiva da tragédia Grega, somente a concluir com um longo encómio a um dramaturgo contemporâneo—o compositor de ópera Richard Wagner. Nietzsche alegou que a ópera de Wagner representava o renascimento da antiga tragédia Grega e que, se tivesse oportunidade, desempenharia o mesmo saudável papel na cultura Alemã contemporânea que a tragédia representara na cultura da Grécia antiga.

A recepção antagónica que este livro recebeu—que parece, em retrospectiva, inteiramente previsível, ainda que magoasse Nietzsche—diminuiu o número de alunos que frequentavam as suas palestras. Quando a saúde de Nietzsche declinou, a universidade não teve qualquer problema em lhe permitir uma permanente baixa médica e conceder-lhe uma pensão de invalidez (pequena, porém suficiente para viver). Durante a maior parte da década de 1870 ele entrou e saiu da vida universitária, acabando por renunciar definitivamente em 1879.

Nietzsche não teve endereço fixo durante o resto da sua vida. As suas doenças—insónia, indigestão, enxaquecas—tornaram-no hipersensível às mudanças do clima, de modo que ele sempre procurava o clima perfeito. Ajudado pela infra-estrutura do turismo da *Belle Epoque*, que ainda leva os Alemães ao sul em busca de ar limpo e céu ensolarado, Nietzsche passou cerca de doze anos perambulando entre uma variedade de pensões, *pensiones* e apartamentos mobilados. Ele tornou-se o que o filósofo Gilles Deleuze chama de "nómada filosófico".[10] Ele encontrar-se-ia com amigos aqui e ali e era um ávido correspondente; no entanto viveu muito sozinho durante a maior parte dos seus últimos anos, sozinho com os seus livros e os seus pensamentos, sozinho com os seus comprimidos e as suas doenças.

---

10   Veja "Nomad Thought", em Allison 149

No inverno, Nietzsche procurava calor. Isso o levou à Riviera, ambas as partes Italiana e Francesa—consequentemente Nice. No verão, Nietzsche procurava ar fresco e baixa humidade. Isso o levou à Suíça—consequentemente Sils Maria. De permeio, ele procurava um elusivo equilíbrio de temperatura, humidade, pressão barométrica, etc., o que lhe permitia algum sono e alívio das suas enxaquecas. Deste modo, ele passava as primaveras e outonos das décadas de 1870 e 1880 vagueando pela Suíça e pelo norte da Itália, tão ao sul quanto Sorrento e tão ao leste quanto Veneza, procurando a combinação certa de condições climáticas para satisfazer a sua frágil saúde. Ele ficava aqui e ali por diferentes períodos de tempo. Costumava fazer a troixa muito repentinamente quando o clima ou o seu humor mudava. Dizem que ele sabia de cor os horários dos comboios Italianos. Por fim, ele encontrou o que considerava as condições ideais para as épocas baixas em Turim, levando-o a escrever a carta citada acima. Mas ele só foi capaz de aproveitar esse achado por uma primavera e um outono.

Às vezes ele aventurava-se para o norte até partes da Alemanha, mas raramente. E aí vem a outra metade da explicação do porquê deste filósofo Alemão trabalhar quase exclusivamente como um expatriado. Como estudante universitário na década de 1860, ele participou na ascensão do nacionalismo Alemão ao juntar-se a uma fraternidade patriótica; também alistou-se no exército em 1867 (ele foi dispensado em 1868 depois de sofrer ferimentos durante um exercício de treino, sendo lançado para a frente de um cavalo). Ele serviu como assistente médico na Guerra Franco-Prussiana de 1870-71. Mas a sua reacção ao triunfo da unificação Alemã no final dessa guerra foi rebelar-se contra ela. Os seus escritos depois de 1876 são recitados com insultos de desprezo à Alemanha, à cultura Alemã, ao Kaiser, ao *Reichschancellor* Bismarck e assim por diante. Aqui está um exemplo do final de 1888, escrito em Turim cerca de dez dias antes do seu colapso:

E talvez eu pudesse sussurrar algo para os meus bons Italianos a quem eu *amo* tanto quanto a mim - *Quousque tandem*, Crispi? Aliança tripla: com o *Reich*, um povo inteligente só pode entrar numa *mésalliance*.¹¹

Tudo isto explica o porquê deste filósofo Alemão ter deixado a Alemanha e ter passado o resto da sua vida vagueando pelo sudeste da França, norte da Itália e pela Suíça, Engadine. Mas se Nietzsche vagueou pelo menos em parte para fugir do nacionalismo Alemão, pode-se perguntar como é que ele tem a reputação (ainda forte em algumas partes) de ser um proto-Nazi.

Metade da resposta é a antiga amizade de Nietzsche com Richard Wagner. O compositor de ópera, Wagner, como é bem conhecido, era um verdadeiro proto-Nazi, alguém que explicitamente ligou o nacionalismo Alemão com o anti-Semitismo, mais notoriamente na sua ópera *Die Meistersinger von Nürnberg*, um trabalho expressamente patriótico condenando a influência estrangeira na cultura Alemã. O vilão de *Die Meistersinger*, um intrometido oficial que insiste em cantar de acordo com todas as regras de composição musical que o próprio Wagner estava ocupado a quebrar, é sobrecarregado por Wagner com estereótipos Judaicos; por exemplo, a sua ária final é uma paródia da tradicional melodia litúrgica Judaica, *Kal Nidrei*. Esta ópera de infâmia era a favorita de Hitler por razões óbvias, embora a incomummente acessibilidade não-Wagneriana da música também possa ter sido parte do seu atractivo.

---

11   Prefácio NCW. Toda esta passagem é um óptimo exemplo de como a escrita de Nietzsche é condensada, alusiva e francamente divertida: Um traço para criar uma deliberada lacuna para fazer o leitor preencher, da sua própria cabeça, o resto do pensamento de Nietzsche (tanto quanto ele odeia os Alemães, certo?), um pouco de Latim para criar algumas gravitas instantâneas, irónicas, zombeteiras (para que fim, Primeiro-Ministro Italiano Crispi?), e finalmente um termo Francês para um mau casamento que não apenas ecoa o nome oficial da aliança Germano-Austro-Italiana mas também dá um tom quase cómico, como uma farsa de Molière, ao negócio supostamente sério dos tratados internacionais.

Em todo o caso, Nietzsche conheceu Wagner em 1868, pouco antes de se mudar para Basileia. Basileia, como se verifica, não fica longe de Lucerna, lugar de Tribschen, a residência de Wagner na época. Nietzsche visitava com tanta frequência que um dos quartos ficou conhecido como "o quarto do Professor". Como já mencionado, o primeiro livro de Nietzsche defendia que a ópera de Wagner fosse tomada como o renascimento da antiga tragédia Grega na forma Alemã, no entanto a influência entre os dois homens foi para o outro lado também. Wagner havia começado a famosa tetralogia do *Anel* na década de 1850, porém deixara-a de lado enquanto trabalhava em outras coisas. E embora Wagner tivesse pensado no seu próprio trabalho como um renascimento da antiga tragédia Grega, foi só depois de conhecer Nietzsche que ele retornou ao projecto, finalmente completando-o em 1874. Eles trabalharam em conjunto por vários anos, defendendo-se um ao outro na imprensa. Nietzsche até escreveu um panfleto com o objectivo de arrecadar fundos para o projecto favorito de Wagner—o estabelecimento de um teatro dedicado aos seus próprios trabalhos em Bayreuth.

Contudo, a amizade *cum*[12] parceria desintegrou-se entre 1874 e 1877, e isto teve em parte a ver com anti-Semitismo. Nietzsche tornou-se amigo dum homem chamado Paul Rée, a quem Cosima Wagner (esposa de Richard) se refere no seu relato: "Finalmente Israel interveio, na forma de um Dr. Rée, muito elegante, muito gentil, ao mesmo tempo como estando envolvido em Nietzsche e dominado por ele, embora na verdade o enganando—a relação entre a Judéia e a Alemanha em miniatura."[13] O facto de que os pais de Rée, muito antes do nascimento dele, se tinham convertido ao Cristianismo para promover as suas carreiras (isto era necessário para o avanço em muitas profissões na Alemanha e na Áustria, no século XIX e no início do século XX), contanto que o

---

12 N.T. e/com
13 Hayman 204

próprio Rée era o mais etnicamente Judaico, prova que o anti-Semitismo de Wagner era racial, não cultural ou religioso. Não é provável que Nietzsche originalmente tivesse feito amizade com Rée precisamente por causa da sua condição de Judeu, mas é claro que ele se divertiu em mostrar isto descaradamente na cara dos Wagners.

Mas por que faria ele isto com os seus supostos amigos? A resposta pode ser a de que Nietzsche e Wagner já estavam em ruptura. Em parte, pode ter sido porque Nietzsche tinha um fraco por Cosima (isto emergiu nalgumas cartas escritas após os primeiros sintomas da sua loucura—"Ariadne," ele a denominava).[14] Mas é mais provável que isto tenha acontecido simplesmente porque eram dois homens brilhantes e ambiciosos que tinham grandes planos não apenas para si mesmos mas também um para o outro: Wagner via Nietzsche como o seu cão de ataque ideológico, enquanto Nietzsche via Wagner como um exemplar do renascimento musical da cultura Alemã que ele defendia. Nenhum dos dois, claro, poderia suportar ser um soldado de infantaria na guerra cultural de outra pessoa.

E assim, da mesma forma que Nietzsche saiu do comboio nacionalista Alemão no momento em que isto estava a alcançar a velocidade máxima, também ele deixou Wagner no momento em que o projecto de Wagner estava a ter sucesso. Em *Ecce Homo*, Nietzsche identifica a abertura do festival de Bayreuth em 1876 como o ponto de inflexão.[15] Nietzsche viu exactamente o que o suposto renascimento cultural Alemão alcançou—muitos ignorantes jingoístas professando ruidosamente um amor pela ópera Alemã e pela música Alemã, mas apenas procurando oportunidades para se sentirem bem enquanto comem muita *bratwurst* Alemã e bebem muita cerveja Alemã. Havia muita adulação bajuladora por Wagner em Bayreuth também, e ficou claro para Nietzsche que o que Wagner realmente

---

14 Hayman 335; veja também a carta para Burckhardt, 6 de Janeiro de 1889, em *Portable Nietzsche* 687
15 EH books.HAH.2

queria era a adulação, com o renascimento cultural Alemão em segundo plano. Nietzsche deixou Bayreuth em desgosto, alegando desconforto físico devido à repulsa intelectual do que tinha visto.[16]

Até certo ponto este relato é história revisionista, já que havia muitas coisas a acontecer no desenvolvimento filosófico de Nietzsche que o afastaram do Wagnerismo.[17] Mas qualquer que seja a sua causa, o facto de que Nietzsche rompeu tão decisivamente com Wagner antes de escrever a maioria dos seus trabalhos filosóficos, na maioria dos quais há críticas agressivas e contundentes a Wagner[18], juntamente com elogios frequentes a Judeus, Judaísmo, Antigo Testamento, etc.,[19] levanta a questão por que poderia alguém ter pensado que ele era também um proto-Nazi.

Digite Elisabeth Nietzsche. Mais nova por dois anos, sempre apaixonada pelo seu brilhante irmão mais velho, Elisabeth adorava que Nietzsche fosse amigo do famoso compositor. Ela nunca entendeu por que cessou a relação. Ele repreendeu as tentativas dela para juntá-los novamente, ao devolvê-lo a Bayreuth—"Eu pertenço a um mundo diferente," escreveu ele para ela.[20] Porém ela nunca deixou o assunto em paz. Não apenas o *status* de celebridade de Wagner a atraía, ela genuinamente também partilhava da ideologia. Nietzsche não era o Nazi na família—era Elisabeth.

Elisabeth casou-se com Bernhard Förster, o qual, como a sua esposa, acreditava que a Alemanha tinha ido longe demais com a influência estrangeira—isto é, Judaica—para ser salva, e por isso era necessário renovar a raça Ariana em algum lugar não

---

16   Carta para Elisabeth, 1 de Agosto de 1876 = Middleton # 68.
17   Por exemplo, Nietzsche estava a considerar a ciência—que era um anátema para Wagner—necessária para a cultura prosperar, e assim passou a pensar na cultura como mais cosmopolita e menos nacionalista do que anteriormente. Leitores interessados podem aprender mais acerca disto no meu primeiro livro, *Science, Culture, and Free Spirits*, (Prometheus, 2010).
18   Veja especialmente CW e NCW. Este último é composto de passagens de outras obras, ao qual Nietzsche anexou um Prefácio declarando: "Somos antípodas".
19   HAH 475, GM III.22, etc.
20   Carta de 3 de Fevereiro de 1882 = Middleton # 93

contaminado. Ele escolheu o Paraguai, e então ele e Elisabeth mudaram-se para lá em 1886 com um grupo de colegas Arianos para fundar uma colónia chamada "Nueva Germania". Elisabeth infrutuosamente solicitava dinheiro a Friedrich para isto[21] (o que em si era estranho, uma vez que ele quase não tinha dinheiro próprio). Apesar dos esforços dela, a colónia fracassou após o suicídio de Forster em 1889—embora ainda existam algumas pessoas de fala Alemã, de nome Alemão, que vivem nessa área, e algumas delas ainda continuam a manter as suas crenças na superioridade Ariana.[22]

Elisabeth retornou à Alemanha em Dezembro de 1890 e encontrou o seu irmão, que tinha perdido a razão dois anos antes, aos cuidados da mãe, juntamente com todos os seus cadernos. Nietzsche dera expressas instruções à sua senhoria para queimar os cadernos dele caso ele morresse. Mas ele não morreu, ele simplesmente teve um catastrófico colapso mental, então os cadernos foram devolvidos à família. No regresso dela, Elisabeth estava tão determinada a ganhar os direitos pela propriedade literária de Nietzsche que processou a sua própria mãe. Em seguida ela publicou fragmentos dos cadernos do seu irmão, cometendo assim três crimes contra ele:

Primeiro, era absolutamente errado publicá-los, quando ele insistira para que eles fossem queimados. Elisabeth, deixada sem dinheiro após o suicídio do seu marido (ela e a sua mãe eram sustentadas neste momento apenas pela pensão de Friedrich proveniente de Basel), parecia querer lucrar com a ascensão de Nietzsche.

Segundo, era errado publicá-los sob um título e de acordo com um esboço que ela encontrou num dos cadernos sem saber se isto era o intento de Nietzsche ou apenas um pensamento passageiro. O resultado foi o infame livro, *A Vontade de Poder*. Não é de todo claro que Nietzsche tivesse

---
21 Hayman, 303; para mais acerca da oposição de N a Förster, veja carta para Elisabeth de 20 de Maio de 1884 = Middleton # 134 & Kaufmann, 42-45
22 *New York Times* 7 de Maio de 2013

continuado com o título ou com o esboço se ele tivesse permanecido consciente—os cadernos dele estão cheios de falsas partidas e de planos não cumpridos—e é quase certo que as passagens do caderno que ela colocou sob este anteprojecto teriam sido reescritas e reformuladas por Nietzsche se tivessem sido destinadas para publicação. Mais importante, é provável que ele tivesse reorganizado as passagens de tal maneira que o posicionamento delas no todo fosse parte da mensagem delas. O facto das passagens em *A Vontade de Poder* estarem organizadas na maior parte aleatoriamente tem dado aos leitores posteriores a impressão de que está tudo bem ao ler passagens de *todas* as obras de Nietzsche, mesmo as que ele próprio publicou, em qualquer ordem, fora de contexto, sem perda de conteúdo. Estudiosos de Nietzsche ainda têm que lutar contra esta maneira randomicamente selectiva de ler as obras dele.

E terceiro, era errado publicar os cadernos depois de realmente alterar alguns deles, removendo críticas sobre a família dele e sobre o movimento proto-Nazi. Como diz Krell, a edição de Elisabeth "foi realizada tanto com tesouras e uma caixa de fósforos quanto com um lápis."[23] (Esta expurgação tem sido desfeita desde então, e edições recentes das obras de Nietzsche contêm as faltantes passagens.)

Mas Elisabeth foi mais longe na promoção do legado do seu irmão. Depois de hifenizar o nome da família dela no seu nome de casada, Elisabeth Förster-Nietzsche montou o *Nietzsche Archiv* em Weimar, Alemanha, em 1896, e após a morte da sua mãe, em 1897, instalou o quebrado corpo do que outrora fora Nietzsche. Ela então começou a manobrar a onda da inopinadamente crescente reputação de Nietzsche. Parte da razão para a anterior obscuridade dele tinha sido a radical novidade das suas ideias e estilo de escrita. Outra parte do problema tinha sido uma incompetente primeira editora que não conseguiu distribuir

---

23 Krell & Bates 53 fn.8

os livros de Nietzsche devidamente e que depois faliu. O seu público leitor durante a vida consciente dele foi extremamente pequeno. A sua grande descoberta por parte do público surge na forma de palestras sobre ele na Universidade de Copenhaga, na Primavera de 1888, por um professor Dinamarquês de filosofia chamado Georg Brandes—um Judeu, isto deve ser assinalado, que teria levantado uma bandeira vermelha devido à manipulação proto-Nazi em relação a Nietzsche—e pela década de 1890 estava Nietzsche a tornar-se bem conhecido. Então, Elisabeth conseguiu que todas as obras dele fossem reeditadas e distribuídas apropriadamente, e o ambiente do dramático colapso dele ajudou a aumentar as vendas.

Toda a história já é triste e desagradável, mas na verdade piora: o próprio Nietzsche morreu em 1900 (ou seja, o seu corpo alcançou a sua mente há muito morta), porém a reputação dele como parte da história nacionalista Alemã cresceu ao ponto dos soldados Alemães na Primeira Guerra Mundial levarem com eles para a batalha não apenas a Bíblia mas cópias do *Assim Falava Zaratustra*. (Eu não sei se algum soldado contou histórias sobre *Zaratustra* ter parado balas e assim salvado as vidas deles.) A própria Elisabeth, enquanto isso, viveu até 1935, tempo suficiente para convidar o novo *Reichschancellor* para o chá, e a foto de Elisabeth recebendo Hitler à porta do *Nietzsche Archiv* ficou famosa. Para cimentar ainda mais a conexão entre Nietzsche e Nazismo, os Nazis instalaram na cadeira de filosofia da Universidade de Berlim um homem chamado Alfred Bäumler,[24] o qual se levantou para dar a sua primeira palestra sobre Nietzsche e disse que os verdadeiros pensamentos de Nietzsche não estavam contidos nos seus escritos. Ele disse isto porque, mesmo com a edição agressiva de Elisabeth, os escritos de Nietzsche não apoiam fascismo ou anti-Semitismo. Mas com um princípio de interpretação tão poderoso—afinal, não se podia contradizer o que Bäumler dizia sobre Nietzsche

---

24 Kaufmann 40

porque qualquer apelo aos escritos de Nietzsche já havia sido descartado—era fácil mostrar que Nietzsche era um verdadeiro Nazi e que a grandeza dele dava respeitabilidade filosófica ao Nazismo. Esta ideia foi então transmitida via Axis Sally a todos os soldados Ingleses e Americanos que lutavam na Segunda Guerra Mundial, de modo que no final da guerra a conexão entre Nietzsche e Nazismo era tão sólida que ninguém no mundo Anglófono mencionaria Nietzsche.

Walter Kaufmann, um dos grandes reabilitadores de Nietzsche, precisou de desvendar as maquinações de Elisabeth. Kaufmann, um Judeu Alemão que fugiu para a América em 1938, ficou angustiado ao encontrar Nietzsche com tal descrédito. O livro de Kaufmann, publicado em 1950, desacreditou completamente a conexão Nietzsche-Nazi e fez com que Nietzsche valesse o tempo dos leitores Anglófonos. Kaufmann publicaria traduções modernas da maioria das obras principais de Nietzsche nos próximos vinte e cinco anos, restabelecendo as passagens que Elisabeth tinha cortado. Então, em 1965, Arthur Danto publicou *Nietzsche as Philosopher*, argumentando sobre a importância de Nietzsche na filosofia (mesmo hoje, algumas bibliotecas colocam nas prateleiras Nietzsche sob literatura Alemã em vez de filosofia), e na mesma época, em Inglaterra, Reginald Hollingdale também publicou um livro sobre Nietzsche, bem como várias outras traduções. Gradualmente a palavra saía.[25]

"Só o dia depois de amanhã me pertence," escreveu Nietzsche, lamentando os seus poucos leitores e antecipando o impacto posterior das suas ideias. "Alguns nascem postumamente."[26] Ele estava mais perto da verdade do que ele poderia saber.

---

25 O meu orientador de pós-graduação era Alexander Nehamas, que era aluno de Kaufmann em Princeton; o efeito cascata do trabalho de Kaufmann continua.
26 Um Prefácio

Do Nosso Jeito

EM QUE PONTO começa uma jornada? A partir do momento em que se pensa nisso? Quando se sai de casa? Ou é o momento mais ou menos trinta anos antes, quando um dos teus professores é aprovado para a licença pessoal de ausência, de modo que ele não está disponível para aconselhar a tua tese académica sobre Martin Buber e em consequência tu escreves como alternativa a tua tese sobre Friedrich Nietzsche?

Uma conjectura poderia ser feita para qualquer um destes (e muitos mais). Nietzsche escreve, numa passagem sobre o eterno retorno que discutiremos mais tarde, "Todas as coisas estão tão juntas"[27] que qualquer evento inevitavelmente tem muitas causas e ramificações, e é difícil separá-las e localizar um nítido começo.

Para esta viagem, contudo, eu escolho começar a nossa jornada com Julius Harvey.

Julius Harvey é o homem que nos examina enquanto segurança. Ele é um homem grande e jovial, caloroso com as suas saudações para nós e para as crianças. Ele dá uma olhadela nos nossos passaportes e tem um pouco de brincadeira para cada um de nós—acerca das nossas fotos, dos nossos nomes, algum tipo de gentileza.

Este é o mesmo Julius Harvey que nos verificou enquanto segurança do Logan quatro anos antes, em 2004, quando nós estávamos a caminho de Londres. Conquanto possa ser uma surpresa que eu consiga lembrar o nome de um indivíduo específico na equipa de segurança do Aeroporto Logan quatro anos depois de interagir com ele por um minuto ou dois, eu lembro-me dele claramente porque nessa altura Julius Harvey fez questão de dizer ao nosso filho Eli que ele tem um óptimo segundo nome—o segundo nome de Eli é Julius—e de seguida apontando para o seu próprio crachá a título de explicação.

Tudo isto levanta um pensamento sobre Nietzsche como viajante: em todas as idas e vindas nómadas, ele deve ter-se deparado com os mesmos funcionários dos caminhos-de-ferro, os mesmos motoristas, o mesmo pessoal do restaurante da estação ferroviária. Reconheceu-os ele como eu reconheço Julius Harvey? Reconheceram-no eles, este quase cego excêntrico com o flagrante bigode? Todos esses encontros anónimos—tornaram-se eles menos anónimos para ele, atravessando o mesmo território de um lado para outro, durante mais de dez anos? Apreciava ele tais pessoas e tais contactos ou simplesmente tolerava-os? Como teria ele lidado com o controlo de segurança do Logan International – teria ele respondido às gentilezas de Julius Harvey?

"Eu amo o homem," diz Zaratustra,[28] mas, conforme *Zaratustra* continua, ele rapidamente fica do lado errado duma multidão sem mente e logo declara: "Aos eremitas entoarei a minha canção, aos que se retiraram sozinhos ou aos pares para a solidão."[29] E os sós e os pares que Nietzsche discute nos seus escritos são inevitavelmente de elites de um tipo ou outro:

> Chegará o tempo em que...não se considerará as massas mas os indivíduos, os quais formam uma espécie de ponte sobre o fluxo turbulento do devir...como aquela república de génios da qual Schopenhauer falou certa vez; um gigante chama por outro através dos intervalos de tempo

---

28   Z Prologue 2
29   Prólogo Z.9

do deserto e, imperturbado pelos excitados anões conversadores que rastejam por baixo deles, o exaltado diálogo espiritual continua. O objectivo da humanidade não pode estar no seu final mas somente nos seus mais altos exemplares.[30]

Em termos de pensar sobre a história da filosofia, eu estou bem com isso. Como muitos na minha profissão, eu quero que os meus alunos reconheçam uma "Grande Conversação" de pensadores que falam do contexto das suas próprias situações históricas mas também que falem através dos séculos uns aos outros—Descartes replicando a Sextus Empiricus, Rawls pensando sobre Kant, e assim por diante. Nietzsche faz, penso eu, um bom exemplo de como os maiores exemplares da humanidade servem a um propósito cultural crucial, inspirando-nos a sermos os nossos melhores eus.[31] Fora destes exemplares, porém (que incluem não só os filósofos, mas escritores, artistas, músicos, membros da realeza, líderes políticos, comandantes militares e assim por diante), existem na mundividência de Nietzsche apenas animais de rebanho[32], conformistas, "cópias desbotadas de grandes homens produzidas em papel pobre com placas desgastadas"[33], "pessoas de mentes pequenas"[34] que ousam pouco e realizam menos.

Aqui eu devo discordar de Nietzsche. Tenho sido muitas vezes movido por pessoas que eu conheci que nada têm de elite para apontar nos seus currículos, todavia fazem os seus trabalhos com tanta eficácia, e lidam com os outros seres humanos com tanto calor e genuinidade, que eles fazem-me feliz por ser humano, pelo menos tão feliz quanto os grandes que eu conheci, se não mais, e que me inspiram a ser o melhor que posso ser. Como o meu mecânico de automóveis em Farmington, por

---

30 UM II.9
31 UM III.1, see also BGE 257
32 BGE 199, 201, 202, e cols.
33 UM II.9
34 Prólogo Z.5

exemplo—um génio no que ele faz, sem exageros, e além disso um *mensch*.[35] Claro, Julius Erving é uma inspiração, da mesma forma Júlio César e Julius "Groucho" Marx; mas Julius Harvey também é. Tu sais de um encontro com ele grato acerca da vida, contente por seres um ser humano, satisfeito mesmo por seres *este* ser humano, tu mesmo.

Nunca se sentiu Nietzsche inspirado pela humanidade das pessoas "comuns" à sua volta? Talvez, por causa da sua miopia, ele nunca as tenha visto verdadeiramente. De qualquer forma, elas não entram nos seus escritos, e embora toda a sua conversa sobre Sócrates, Frederico o Grande, e Goethe seja inebriante e inspiradora, eu sinto falta de mencionar os "vulgares", já que eles são inspiradores também.[36]

E neste momento, colocando os meus sapatos de novo após a inspecção de segurança, combinando novamente as *rollaboards* com as crianças e fazendo o rolamento, remontando a formação dos Viajantes Profissionais e deslocando-me para o terminal, eu sinto-me muito distante de Nietzsche, elitista socialmente desajustado que ele era. Por que se preocupar com esses passos em particular?

NÓS PASSEAMOS pelos extensos corredores do aeroporto Logan, atravessando alcatifa industrial sob luz artificial, distraídos por cartazes chamativos com rolantes visores LED de alta tecnologia—um ambiente muito diferente daquele das enfumaçadas estações de comboios onde Nietzsche estaria matando o tempo; maior, mais limpo, mais silencioso, no

---

35 N.T. homem de integridade e honradez
36 Uma possível excepção é o amor de Nietzsche pela grande ópera de Bizet, *Carmen*, cujos papéis principais são um cigano, um soldado e um toureiro, os quais, apesar das suas humildes posições, evidenciam nobreza de carácter. Mas isto, claro, é uma obra de arte, não uma pessoa ao vivo.

entanto de alguma forma mais impessoal também. Temos tempo de sobra (em parte por causa da eficiência de recepção de pessoas como Julius Harvey), então eu cambio alguns dólares para euros para poder entrar com o pé direito na Europa.

Encontrar o jantar na praça de alimentação do aeroporto é um pouco mais complicado do que se poderia pensar. Por um lado, nós mantemos o *kosher*[37], o que significa não só que evitamos carne de porco e marisco mas também qualquer outra forma de carne quando comemos fora, uma vez que não podemos saber se foi preparada de acordo com os regulamentos para o *kashrut*.[38] Além do mais, muitos alimentos aparentemente não contendo carne incluem alguma forma de ingrediente de carne. Por exemplo, a maioria das sopas de restaurantes é feita a partir de caldo de frango ou de carne, os feijões cozidos geralmente têm banha, etc. Por isso nós lemos cuidadosamente os menus e fazemos perguntas. O resultado é uma certa hesitação antes de comer.

Estamos longe de ser as únicas pessoas a comer desta maneira, é claro: todos os vegetarianos e veganos, assim como qualquer pessoa com uma dieta restrita de qualquer tipo, desenvolvem a mesma suspeita habitual. De facto, nós somos relativamente liberais dentre aqueles que mantêm o *kosher*. Muitos não comeriam comida quente num restaurante, uma vez que a expansão induzida pelo processo de aquecimento permite presumivelmente que partículas alimentares não-*kosher* deixadas nos utensílios de cozinha e pratos sejam absorvidas pela comida vegetariana a ser preparada. Muitos Judeus observantes não comeriam comida de restaurante, a menos que o restaurante estivesse sob supervisão rabínica. O nosso sentimento é o de que os compromissos devem ser feitos para se estar envolvido com o mundo, e estamos dispostos a aceitar o que sentimos como riscos menores com a nossa observância

---

37 N.T. produtos ou alimentos preparados de acordo com as leis judaicas
38 N.T. leis dietéticas judaicas

do *kashrut* para assim o fazer.

Nietzsche, o nómada filosófico, não tinha escolha quanto a comer a gastronomia de outras pessoas, e ele desenvolveu um forte sentimento de desconfiança por conta própria. Vivendo numa época em que o vegetarianismo estava a crescer em áreas de fala Alemã, ele foi vegetariano por um breve período nos seus vinte anos, aparentemente por razões morais. Mas ele logo desistiu, fosse por recomendação de um médico ou por insistência de Wagner; isto não é claro. Anos depois, ele foi ao outro extremo, expressando suspeita do vegetarianismo:

> Uma dieta que consiste predominantemente de arroz leva ao uso de ópio e narcóticos, assim como uma dieta que consiste predominantemente de batatas leva ao uso de bebidas alcoólicas. Mas também tem... efeitos narcóticos.... As pessoas que promovem formas narcóticas de pensar e sentir, como alguns gurus Indianos, elogiam uma dieta que é inteiramente vegetariana e gostariam de impor isso como uma lei às massas. Desta forma eles querem criar e aumentar a necessidade que eles estão em condições de satisfazer.[39]

Os estereótipos sobre o Leste Asiático e o Leste Europeu são embaraçosos, mas a ideia de que os líderes religiosos promovem a condição que eles mesmos alegam aliviar antecipa uma das muitas críticas provocativas de Nietzsche ao Cristianismo, nomeadamente que aquilo que os padres fazem é culpar os sofredores—i.e. levá-los a interpretar o seu sofrimento como resultado da sua "culpa"—de modo que eles, os sacerdotes, se tornam indispensáveis para a absolvição dos seus rebanhos.[40] É interessante também que Nietzsche possa ter inconscientemente descoberto o que a nutrição moderna recomenda em relação à importância de não negligenciar a

---
39 GS 145
40 Veja GM III.

proteína da dieta. Eu suspeito, todavia, que o que estava em primeiro lugar na mente dele ao escrever esta passagem era a sua própria condição quando caiu pela primeira vez sob o feitiço de Wagner.

De qualquer forma, muito mais importante para o seu regime alimentar era a sua saúde. Ele era propenso a problemas digestivos, e estes poderiam concatenar em enxaquecas e / ou insónia. Ele tornou-se extremamente cuidadoso com o que comia com o passar do tempo. O escritor alemão Stefan Zweig, na sua biografia de Nietzsche, pinta a seguinte imagem:

> Cuidadosamente o homem míope senta-se à mesa; com cuidado, o homem com o estômago sensível considera cada item no cardápio: se o chá não é muito forte, a comida não temperada em demasia, pois cada erro na dieta dele perturba a sua digestão sensível, e cada transgressão na sua nutrição causa estragos por meio de trémulos nervos durante dias. Sem copo de vinho, sem copo de cerveja, sem álcool, sem café no seu lugar, sem charuto e sem cigarro após a refeição, nada que o estimule, que o refresque ou que o sossegue...[41]

Nietzsche certamente sentia a mesma suspeita da comida e tinha a mesma sensação de separação do mundo que eu associava ao *kashrut*. A distinção entre o que está fora do corpo e o que alguém permitirá entrar torna-se terrivelmente importante. Mantém-se o mundo à distância, inspeccionando-o. Nós vemos Nietzsche fazendo isso durante toda a sua vida, e talvez eu faça um pouco também. No mínimo, ele era mais cuidadoso do que eu, visto que um erro na sua dieta levava a consequências muito mais severas do que alguns minutos de penitência durante o *Yom Kippur*.[42]

---
41 Citado no *Portable Nietzsche* 104
42 N.T. Dia do Perdão, data importante do judaísmo.

De certa forma, a situação de Nietzsche não é tão incomum—muitas pessoas têm restrições alimentares baseadas na saúde. Eu tenho algumas: Eu preciso de controlar o meu colesterol, e sou um pouco sensível à lactose. Portanto eu deveria estar a patrocinar o *stand* da Wok and Roll que disponibiliza tofu. Mas a minha família está animada com a Sbarro, então termino com *stromboli*[43] como alternativa. Enquanto nós desembrulhamos a nossa comida, bem fumegante, estou eu a sentir remorso. Tendo tido quiche ontem, e sobras de quiche para o almoço de hoje, eu realmente tenho comido muito queijo nas últimas refeições e por isso violei muito o meu regime pessoal. Problemas digestivos no avião serão desagradáveis e embora as consequências (se houver) de colesterol em excesso estejam a anos de distância ao invés de enxaquecas imediatas, ainda assim, eu não precisava de ser tão descuidado. Eu comprometi o meu próprio regime para ir com a multidão—o pecado mais básico que há na opinião de Nietzsche. O bigodudo Jiminy Cricket[44] grila no meu ombro:

> No seu coração cada homem sabe muito bem que, sendo único, estará no mundo apenas uma vez e que nenhuma oportunidade imaginável se reunirá pela segunda vez numa unidade tão estranhamente variegada como ele é: ele sabe disso mas esconde-o como uma má consciência... O que é isto que constrange o indivíduo... a pensar e agir como um membro da manada...? Com a grande maioria isto é indolência, inércia, em suma...preguiça.[45]

Bem, isso designa o meu tom—era mais fácil comprar de um lugar do que de dois, só isso. É uma coisa pequena, claro, mas eu fui com a multidão, no sentido de que eu deixei as preferências de outras pessoas serem o meu guia em vez de ficar

---

43 N.T. tipo de salgado italiano
44 N.T. O Grilo Falante – personagem fictício, companheiro do Pinóquio
45 UM III.1

com a minha própria bússola interior.

E talvez na minha vida eu tenha ido com a multidão noutras formas muito maiores: permanecendo Judeu, casando, tendo uma família, coisas que muitas pessoas fazem. Este é um dos principais aspectos em que me preocupo em ser infiel aos passos dele: Tenho eu negligenciado o chamamento de Nietzsche para ser um indivíduo, o que sempre tenho achado tão inspirador?

> Ninguém pode construir para ti a ponte sobre a qual precisamente tu deves atravessar o fluxo da vida, ninguém senão tu mesmo sozinho. Existem, com certeza, inúmeros caminhos e pontes e semideuses que te sustentariam através desse fluxo, porém somente à custa de ti mesmo: tu colocar-te-ias em peão e perder-te-ias. Existe no mundo um único caminho ao longo do qual ninguém pode ir excepto tu: para onde conduz isto? [46]

A filosofia do individualismo de Nietzsche desenvolveu-se originalmente no contexto do seu projecto de renascimento cultural Alemão. Enquanto a maioria dos Alemães assumiu a unificação da década de 1870 na direcção da nacionalidade política, Nietzsche concentrou-se nas necessidades da cultura. A cultura é importante, argumentou ele, por causa dos seus benefícios para o desenvolvimento e educação de indivíduos criativos. E os indivíduos criativos são importantes porque produzem uma nova cultura. A relação é manifestamente circular e reconhece a interdependência dos indivíduos e a sua cultura.

Corforme a carreira de Nietzsche progrediu, ele começou a concentrar-se menos na cultura geral e mais no que é necessário para educar e inspirar indivíduos culturalmente criativos. Ele tentou fazer muito disso educando-se e inspirando-se nos seus

---
46 UM III.1

escritos. Espíritos livres, indivíduos fortes, homens superiores—independentemente de como ele os chama, a ideia é sempre levá-los—nós—a construir a nossa própria "cultura de um" (como eu gosto de chamar). Assim como nos seus primeiros escritos ele descreve a cultura nacional ideal como "unidade de estilo",[47] nos seus últimos escritos ele insta os indivíduos a "darem estilo ao seu carácter".[48] O credo que ele professa é: "O meu julgamento é o meu julgamento—ninguém mais tem direito a isto facilmente"[49] e ele casa esta atitude com um desafio para o leitor: "Este é o meu caminho...onde está o teu?"[50]

> Avante no caminho da sabedoria com um passo ousado e cheio de confiança! No entanto tu podes ser, servir-te conforme a tua própria fonte de experiência! Liberta o descontentamento com a tua natureza, perdoa a ti mesmo o teu próprio ego, pois em qualquer caso tu possuis em ti mesmo uma escada com cem degraus em cima dos quais tu podes ascender ao conhecimento.[51]

Em qualquer circunstância é difícil desfazer as camadas de socialização e encontrar o indivíduo "real" debaixo. Mas para aqueles de nós que, ao contrário de Nietzsche, são socialmente bem ajustados, isto é especialmente difícil. Embora tenhamos pena da sua vida solitária e valetudinária, ele viveu no seu próprio mundo autocriado, relativamente imperturbado por reclamações externas do seu tempo ou da sua consciência.

Tal como, por exemplo, a minha família reparando que várias cidades estrangeiras e a sua distância a partir de Boston estão postadas na parede da praça de alimentação.

"O que está mais distante de Boston, Londres ou Paris?" Pergunta Vicky. "E não vale olhar."

---

47 UM I.1
48 GS 290
49 BGE 43
50 Z III.11
51 UM III.1

Rosie começa: "Eu aposto em Paris."

"Sim, é Paris, 3449 milhas para 3284. OK, que tal Paris contra Amsterdão?"

"Oh, uma difícil. Sam?"

"Hum, não—demasiado próximo."

"Amsterdão, apenas 3461 para 3449."

"Bem, mas e se tu seguires um atalho?" Eli, claro.

Nietzsche também era um geógrafo decente, nómada que era. Na mesma carta que citei anteriormente, na qual ele identifica Nice, Turim e Sils como os três lugares perfeitos para ele passar o ano, ele explica por que assim é:

> O que me convence é o ar, o ar seco, que é o mesmo em todos os três lugares, e pelas mesmas razões meteorológicas: montanhas cobertas de neve a norte e a oeste. Esse é o cálculo que me tem trazido aqui [i.e. para Turim], e eu estou encantado! Mesmo nos dias muito quentes—e nós já temos tido—os famosos golpes de Zephyr, dos quais eu só tinha ouvido falar os poetas (sem acreditar neles: bando de mentirosos!). As noites são agradáveis. Do meio da cidade pode ver-se a neve.[52]

A alegria de Nietzsche nesta realização é como a nossa desfrutando o jogo à distância—deliciar-se com a geografia é uma delícia na própria terra. "Permanecei fiéis à terra, meus irmãos"[53] diz Zaratustra. Alguns estudiosos adoptam esta linha para mostrar a antecipação da profunda ecologia de Nietzsche, mas eu acho que isto é apenas anacrónico. Tudo o que ele quer dizer é preocupar-se com "este" mundo, em vez de desvalorizá-lo a favor de um "próximo" mundo, ou importar-se com o mundo material dos nossos sentidos ao invés de um mundo imaterial de ideias puras. É sobre a afirmação do aqui e agora, a

---
52 Carta para Reinhart von Seydlitz, 13 de Maio de 1888, Krell & Bates 224
53 Z I.22.2

vida realmente vivida, o corpóreo, o terrestre.

Lugar estranho para pensar em amar a terra—no meio de uma praça de *fast-food*, no meio dum vasto complexo de aço e concreto, no meio de dezassete mil acres de pistas e hangares pavimentados, prestes a embarcar num pedaço gigante de metal que está a queimar combustível fóssil e a vomitar fumaça. Ficaria Nietzsche estarrecido? Possivelmente. Mas, ao mesmo tempo, é toda esta construção inorgânica e artificial que nos permite sair da Terra na América do Norte e voltar a entrar nela na Europa algumas horas depois.

Por fim, nós deitamos fora os nossos restos do jantar e rolamos pelo corredor até aos portões de partida. A meio da rodagem eu ouço a voz dele no meu ombro novamente:

> Ai, para onde ainda deverei eu subir agora com o meu anseio? De todas as montanhas olho eu à procura de pátrias e mátrias. Mas em lugar nenhum encontrei o meu lar; um fugitivo sou eu em todas as cidades e uma partida em todos os portões.[54]

"Uma partida em todos os portões"—bom mote para um aeroporto, diria eu.

E assim acontece que, quando nós descemos a rampa, saímos do aeroporto de Logan e entramos no céu, ele está comigo como sempre. Nós os sete acomodamo-nos nos seis assentos reservados e lá vamos nós.

---

54   Z II.14

Amor Fati e *Ressentiment* na Baviera

APESAR DA INSISTÊNCIA de Vicky, as crianças quase não dormem. Os filmes a bordo são muito tentadores para os rapazes, e as raparigas enroscam-se com os seus livros. Há um certo contentamento em estabelecer a área de assento e depois viver num pequeno espaço privado por algumas horas. Talvez Nietzsche apreciasse esta parte das suas muitas realocações, o gozo de reconstruir continuamente o seu próprio pequeno mundo num novo lugar.

Eu acordo para o verdor da Baviera no verão. O novo aeroporto fica bem fora da cidade, no meio de belas terras agrícolas. Deve-se dizer que Munique não desempenha um papel importante na história de Nietzsche. Ele viu *Tristão e Isolda* de Wagner, aqui em 1872, duas vezes em três dias. Isto pode parecer excessivo; mas considerando que ele não podia comprar o CD ou fazer o *download*, pagar a entrada uma segunda vez era a única maneira de ouvi-lo novamente. Ele não retornou, todavia, até o outono de 1885, quando visitou um amigo, Reinhard von Seydlitz, e flertou com a esposa dele, Irene—"Quase falei com ela na segunda pessoa do singular."[55] Confessa ele numa carta, deslumbrado e mortificado pela leviandade dele. Ele parou de novo na primavera de 1886, a caminho de visitar a sua mãe, para tentar persuadir um maestro a realizar

---
55 Hayman 288

uma ópera para o seu amigo Peter Gast (sem sucesso). De outro modo, Munique era para Nietzsche apenas um lugar para trocar de comboio.

Nós, da mesma forma, estamos apenas a mudar de avião. Com uma paragem de cinco horas e quarenta minutos, nós tivemos, de modo breve, divertidos pensamentos sobre ir a Munique e fazer uma rápida turné, no entanto a distância da cidade significa que teríamos passado a maior parte do nosso tempo em trânsito, portanto isto não deveria realmente valer a pena. Há um parque de diversões próximo, porém decidimos que não haveria muito sentido nisso. Então, ao invés disso, ficámos no aeroporto, apenas convivendo, como ele fazia nas estações de comboios com tanta frequência durante as suas peregrinações. Uma coisa de que temos certeza, em termos de adaptação a um novo fuso horário, é que precisamos sair rapidamente para a luz natural para reajustar os nossos ciclos circadianos. Então, assim que aterramos e usamos os sanitários, nós começamos a nossa escala caminhando ao ar livre, com as *rollaboards* a tiracolo.

O ponto alto da nossa caminhada absorvente de luz é o Hotel Kempinsky, do lado de fora do terminal. O seu átrio é totalmente de vidro, permitindo ver que uma série de colunas colocadas com vasos de flores, coisa que começa do lado de fora do hotel, continua dentro do átrio exactamente na mesma linha. É impressionante. Tendo andado ao calor por um tempo, nós agora estamos gratos pelos confortáveis assentos e ar condicionado. Para completar a nossa satisfação, o *barman* graciosamente concorda em encher as nossas garrafas de água da sua torneira.

Eu sinto-me um pouco fora do lugar, deleitando-me no saguão dum hotel chique embora estejamos tentando viajar economicamente. O ambiente elegante é adequado para o lado nobre da minha natureza, porém para poder realmente ter recursos para tal lugar eu teria que ter feito escolhas diferentes há muito tempo. E é realmente um respeito em sentir aquela comunhão com Herr Doctor, ex-professor Nietzsche, que acampou em alguns dos mais importantes destinos turísticos da Europa durante a *Belle Epoque* armado apenas com a sua limitada pensão de invalidez da universidade e com ocasionais presentes da sua mãe, eles mesmos derivados dos escassos auxílios pela morte do pai. Ele foi, como um amigo meu disse uma vez, "independentemente pobre"—ele tinha dinheiro suficiente para viver, mas apenas por ser frugal, registando cautelosamente as suas despesas nos seus cadernos, e contabilizando a sua mudança.

É um aspecto da vida de Nietzsche que não aparece nos seus escritos publicados senão nas suas cartas, como esta para a sua mãe, a partir de Nice, durante a última estadia dele lá:

> Minha querida mãe: O dinheiro que você enviou e a sua carta de acompanhamento trouxeram-me grande prazer—quase como se você me tivesse dado um presente. As minhas finanças estavam numa situação um tanto má; e talvez eu já lhe tenha contado que as minhas taxas de hotel têm sido aumentadas neste inverno.[56]

Ele não quer dizer cobranças de quarto de hotel—a residência dele sempre foi uma pensão, *pension* ou pequeno apartamento—mas ele tomava uma refeição por dia num hotel praticamente em todos os lugares onde morava. Às vezes pergunto-me como se sentia ele ao olhar em redor da sala de jantar para as pessoas que estavam realmente hospedadas no hotel, em oposiçao ao regresso para os alojamentos de mercado inferior como ele fazia. Sentia ele já algum *ressentiment* em relação a elas? *Ressentiment* é a palavra que Nietzsche usa (em francês) em *Genealogia da Moral* para o ressentimento sentido pelos fracos (os "escravos") em relação aos poderosos

---
56 Carta de 20 de Março de 1888; Middleton #166

(os "amos"), o sentimento que ele diz dar origem à moralidade padrão dos nossos dias, a moralidade que elogia a humildade e solicitude enquanto condena a arrogância e egoísmo.

> Enquanto toda moralidade nobre se desenvolve a partir de uma afirmação triunfante de si mesma, a moralidade dos escravos desde o início diz Não ao que está "do lado de fora", ao que é "diferente", ao que "não é próprio"; e *este* Não é o seu feito criativo. Esta inversão do olho que postula o valor—esta *necessidade* de direccionar a visão para fora, em vez de se voltar para si próprio—é da essência do *ressentiment:* para existir, a moralidade do escravo sempre precisa primeiramente de um mundo externo hostil; necessita, em termos fisiológicos, de estímulos externos para poder agir—a sua acção é fundamentalmente reacção.[57]

Ressentiment implicitamente contém a visão de si mesmo como um falhado e o mundo como um vale de lágrimas, e assim leva alguém a não se importar o suficiente para viver criativamente ou então a criar um espírito amargo que também arrastará outros para baixo. Nietzsche localiza a fonte da criatividade saudável no que ele chama de *amor fati*. A expressão alude ao lema de Espinosa, *amor dei*, e é claramente destinada a substituí-lo no mundo pós-religioso. Nietzsche antecipa: "A minha fórmula para a grandeza num ser humano é *amor fati*: que se queira que nada seja diferente, nem para a frente, nem para trás, nem em toda a eternidade. Não meramente suportar o que é necessário, menos ainda escondê-lo...mas *amá*-lo."[58] É apenas amando a tua situação e acreditando em ti próprio, de acordo com ele, que tu podes criar símbolos culturais que perpetuam esse sentimento, e é disso que a tua cultura precisa, não da disseminação do teu *ressentiment*.

---

57 GM I.10
58 EH esperto.10

Nietzsche nunca sentiu *ressentiment*? Os seus escritos publicados nunca revelam essa tendência e, nas suas cartas, ele geralmente tem uma estrénua postura, mesmo com a sua mãe. O restante da carta citada acima dá uma sensação maravilhosa de como era a vida diária para ele:

> Não obstante, as minhas circunstâncias aqui são significativamente menos dispendiosas do que as do hóspede médio do hotel; e, além disso, neste inverno eu tenho o que eu não tinha antes—um quarto que eu gosto, um alto, com excelente luz para os meus olhos, recém-decorado, com uma mesa grande e pesada, *chaise longue*, estante de livros, e papel de parede, castanho avermelhado escuro, que eu mesmo escolhi. Parece-me ainda que devo agarrar-me a Nice: o clima tem mais influência sobre mim do que qualquer outro. Precisamente aqui posso usar os meus olhos duas vezes mais do que em qualquer outro lugar. Sob este céu a minha cabeça tornou-se mais livre, ano após ano; aqui as estranhas consequências de estar doente por anos a fio, na proximidade e na expectativa da morte, são mais brandas nos seus efeitos. Eu também mencionaria que a minha digestão é melhor aqui do que em outros lugares; mas acima de tudo, a minha mente sente-se mais alerta aqui, e carrega o seu fardo mais facilmente—quero dizer, o fardo de um destino para o qual um *filósofo* é inevitavelmente condenado. Eu ando durante uma hora todas as manhãs, à tarde durante uma média de três horas, e num ritmo acelerado—a mesma caminhada dia após dia—é bonita o suficiente para isso. Depois do jantar, eu sento-me até às nove horas na sala de jantar, em companhia principalmente de senhoras e homens Ingleses, com uma luminária, a qual tem uma penumbra, na minha mesa. Eu levanto-me às seis e meia da manhã e faço o meu

próprio chá e também tenho alguns biscoitos. Às doze horas tomo o pequeno-almoço; às seis, a principal refeição do dia. Sem vinho, sem cerveja, sem bebidas alcoólicas, sem café—a maior regularidade no meu modo de vida e na minha dieta. Desde o verão passado acostumei-me a beber água—um bom sinal, um passo à frente. Acontece que eu estive doente durante três dias; hoje tudo está bem novamente.[59]

Talvez Nietzsche nunca tenha sucumbido totalmente ao *ressentiment*, porém o meu palpite é que ele ocasionalmente o sentiu, e a minha evidência é que os seus escritos mostram que ele reconheceu o valor positivo em arrancá-lo de si mesmo. Aqui está a primeira menção publicada de *amor fati*, no que Nietzsche chama de sua resolução de Ano-Novo para 1882:

> Eu quero aprender mais e mais para ver como é belo o que é necessário nas coisas; então eu serei um daqueles que tornam as coisas belas. *Amor fati:* que seja o meu amor daqui em diante! Eu não quero fazer guerra contra o que é feio. Eu não quero acusar; eu não quero nem mesmo acusar aqueles que acusam. *Desviar o olhar* será a minha única negação. Em suma e de um modo geral: algum dia eu gostaria de ser apenas um Sim-dizente.[60]

Para tornar o mundo mais belo basta *perceber* o mundo como belo. Isto em si é um belo pensamento, e o sucesso de Nietzsche ao fazer isto em grande parte da sua escrita é parte do motivo pelo qual eu o adoro.[61]

---

59 Middleton # 166
60 GS 276
61 É também por isto que eu me tenho concentrado tanto, ao escrever este livro de memórias, às nossas viagens reais. Embora muitas vezes tenha sido tentador reorganizar ou mesmo compor episódios, eu tenho sido guiado pela ideia de que É Assim Que Isto Aconteceu, e como amante do destino eu tenho afirmado Como Isto Aconteceu e tenho permanecido fiel a isso.

Perspectivismo em Nice

NÓS POUSÁMOS em Nice e fugimos do aeroporto para apanhar um autocarro para a cidade e descobrimos que este levava-nos apenas até à estação de comboios. Nós caminhámos e rolámos de lá para a Avenue Jean Médecin (em homenagem a um antigo prefeito de Nice). Alcançando a avenida, nós demos um passo para o futuro.

Eu também poderia ter dito que nós demos um passo para dentro de um trâmuei, todavia isso não descreveria a experiência. O trâmuei faz parte da Ligne d'Azur, a rede de transporte público da Côte d'Azur. E é uma maravilha: novíssimo em Novembro de 2007, estava apenas no seu oitavo mês de operação quando embarcámos nele. É silencioso, espaçoso, suave e, acima de tudo, incrivelmente bonito. O aspecto dianteiro da carruagem da frente (que é o mesmo que o aspecto traseiro da última carruagem—não há círculo de viragem, por isso apenas inverte a direcção no final da linha) é uma hipérbole perfeita desencadeada pela curva do semicírculo de vidro que forma a janela do primeiro passageiro. Com os seus reluzentes painéis exteriores em prata e bronze e o seu andamento suave e quase silencioso, o trâmuei é um fantasma do futuro.

A experiência de entrar para o futuro no trâmuei em Nice é impressionante, em parte por causa da estética do *design*, em parte porque a suavidade da viagem acalma os ossos cansados dos viajantes no final de um longo dia, e em parte por causa da definição: A partir da Avenue Jean Médecin o trâmuei do século XXI entra no século XVIII na Place Masséna.

A Place Masséna (em homenagem a um dos generais de Napoleão, nascido aqui em Nice em 1758) não é o centro geográfico de Nice, porém funciona como centro de gravidade de Nice, interligando a cidade antiga à nova, aos hotéis turísticos e à zona comercial. A Avenue Jean Médecin entra a partir do norte, entre a Rue Gioffredo e a Rue Masséna. Na extremidade sul há uma fonte com uma estátua de estilo clássico no centro e quatro cavalos ao redor. A leste e a oeste da fonte, a *place* abre-se para os parques que circundam a Boulevard Jean Jaurès, a Avenue Félix Faure, a Avenue de Verdun e a Avenue des Phocéens, eles próprios pontilhados ainda com mais fontes. Formosos edifícios em tijolo de três e quatro andares, com lojas cobertas por arcada ao nível do solo e encimados com águas-furtadas, formam os quatro lados da *place*. Diante deles estão postes de luz, tão altos quanto os prédios, no estilo das antigas lâmpadas a gás. Postes adicionais, tão altos quanto os prédios, sustentam figuras humanas totalmente brancas, incongruentes, duplamente indutoras, imponentes, em várias posições de sentado, de pé, de ajoelhado e por aí adiante. Tudo é pavimentado para que os pedestres, livres de percursos, possam passear em qualquer direcção que desejarem. A Place Masséna mistura assim pavimentação com flores, espaço aberto com lojas, pessoas com água, arte mirabolante com história séria.

A *place* em si é pavimentada num padrão quadriculado, no entanto com alternadas linhas inclinadas e invertendo os seus ângulos a cada dois painéis. Olhando para as bordas ao longo das linhas rectas, o pavimento parece um tabuleiro de xadrez. Olhando para a área a seus pés, você vê uma louca colcha lépida. Depois, se você olhar para as bordas num ângulo de quarenta e cinco graus, terá uma bizarra ilusão visual de diamantes que não permanecerão estáticos. É bastante inteligente e infinitamente fascinante.

A maneira como a pavimentação parece diferente, dependendo de onde você está e qual direcção você está a procurar, é uma boa ilustração do modo de pensar de Nietzsche sobre a verdade e o conhecimento, o que veio a ser conhecido como perspectivismo. Para muitos estudiosos, esta é a sua contribuição mais importante para a filosofia e uma ideia que muitas vezes considero relevante na vida.

A ideia básica do perspectivismo é a de que valores e verdades dependem da perspectiva da pessoa que os mantém ou acredita, da mesma maneira que as coisas físicas aparecem de maneira diferente, dependendo do ponto de observação. Qualquer ideia que os seres humanos têm é necessariamente moldada pelos seus antecedentes, experiências, suposições, estruturas culturais, etc.—os seus pontos de vista, costumamos dizer—bem como quais são os seus propósitos (muitas vezes inconscientes).

> Aos poucos tornou-se claro para mim o que toda a grande filosofia até agora tem sido: nomeadamente a confissão pessoal do seu autor e uma espécie de livro de memórias involuntário e inconsciente; também que as intenções morais (e imorais) de toda a filosofia têm constituído o verdadeiro germe da vida do qual toda a planta tem crescido.[62]

Se isto é verdade para os filósofos, os quais supostamente são capazes de transcender tais coisas e serem imparcialmente racionais, isto é certamente verdade para todos. Nietzsche aqui concentra-se em saber donde as pessoas estão a vir e para onde estão a ir (as suas experiências e intenções). Mas note-se que mesmo quando duas pessoas compartilham muita experiência e / ou propósito—estão no mesmo lugar, poderíamos dizer—elas podem não ver as coisas da mesma maneira. Isto é mais óbvio em relação à cor: Algumas pessoas

---

62 BGE 6

são daltónicas e insistem em dizer que o celeiro "é" vermelho ou a relva "é" verde; isto é fazer uma afirmação injustificada sobre a realidade. Mesmo pessoas com supostamente completa visão cromática discordam sobre cores. Durante anos Vicky e eu discordámos sobre se o xadrez do meu casaco de outono era azul ou verde. E recordo aquela confusão na Internet e nos meios de comunicação, que surgiu alguns anos depois de nós termos regressado e estava eu a revisar este manuscrito, sobre uma foto dum vestido que claramente parecia azul e preto para algumas pessoas e claramente parecia branco e dourado para outras. Mesmo quando duas pessoas concordam sobre como apelidar uma cor, elas nunca podem ter a certeza de que estão a experienciar isto da mesma maneira. Perspectiva, diz Nietzsche, é "a condição básica da vida".[63]

Quando esta ideia é aplicada à verdade, o sentido da palavra "perspectiva" não é mais estritamente visual, porém o fenómeno é o mesmo—quando você toma um novo ponto de vista conceptual (i.e. tenta uma nova ideia), você olha (i.e. pensa sobre) as coisas de forma diferente. E então o que parece ser verdade para mim, a partir da minha perspectiva, parece falso para você, a partir da sua, e assim a verdade é relativa à perspectiva.

Ora alguns argumentarão que embora as pessoas possam discordar acerca de *algumas* coisas, outras coisas são simplesmente factos. O pavimento da Place Masséna, por exemplo, complexo e indutor de visão ilusória como é, não obstante tem uma configuração definitiva. Ou seja, o pavimento tem estrutura e composição definidas—linhas rectas aqui, linhas inclinadas ali, cimento branco aqui, cimento preto ali, etc. Nenhuma quantidade de daltonismo ou desacordo entre as pessoas mudará isso. As personagens de plástico branco em cima dos postes também—não há razão para duvidar que elas estejam lá, ou que uma esteja ajoelhada, outra sentada de

---
[63] Prefácio BGE

pernas cruzadas e assim por diante.

Nietzsche é realmente feliz ao chamar estas coisas de factos. Isto é um pouco surpreendente, já que o perspectivismo implica que nada é imutável e, portanto, não pode haver factos no sentido tradicional. No entanto, ainda pode haver factos no sentido das melhores visões disponíveis, visões que são extremamente bem atestadas, produtos de investigação longa e sóbria usando os melhores métodos, frequentemente confrontados por várias pessoas—coisas em que é difícil imaginar discordância. E este é o sentido em que Nietzsche continua a usar o termo, por exemplo, quando elogia a cultura da antiguidade Greco-Romana por ter desenvolvido "o sentido dos factos, o último e mais valioso de todos os sentidos."[64]

Note-se no entanto, que mesmo tais visões extremamente bem atestadas ainda são visões humanas, ainda utilizando o aparato perceptivo humano e, portanto, ainda de perspectiva. Mesmo a visão mais indiscutível também é construída a partir de uma certa perspectiva. "Nós contemplamos todas as coisas através da cabeça humana e não podemos cortar esta cabeça, enquanto a questão permanece desobstante sobre o que do mundo ainda existiria se alguém a cortasse."[65] Para nós humanos, não existe a verdade que transcende as limitações humanas.

> Quão longe o carácter da perspectiva da existência se estende ou mesmo se a existência tem qualquer outro carácter que não este; se a existência sem interpretação, sem "sentido", não se torna "absurda"; se, por outro lado, toda a existência não está essencialmente engajada

---

64 A 59. Assim uma das suas linhas mais famosas, "Factos são precisamente o que não existe, apenas interpretações", não pode ser a sua considerada perspectiva. É importante reconhecer que esta linha vem de um dos cadernos que Elizabeth publicou após o colapso dele (como aforismo 481 em *A Vontade de Poder*), por outro lado Nietzsche usa a palavra "facto" frequentemente na sua escrita publicada. Privilegiar a linha do caderno acima dos publicados usos da palavra "facto" é fazer-lhe um desserviço, mesmo se a linha não publicada, reconhecidamente, ajudar-nos a entender o que ele visa—nenhum facto, no senso tradicional de algo, é absoluta e incondicionalmente verdadeiro, somente interpretações em perspectiva.
65 HAH 9

activamente na *interpretação*—que não pode ser decidida nem mesmo pela mais diligente e mais escrupulosamente análise conscienciosa e auto-exame do intelecto; pois, no curso desta análise, o intelecto humano não pode evitar ver-se nas suas próprias perspectivas e *apenas* nelas. Nós não podemos olhar em volta do nosso próprio canto: é uma curiosidade sem esperança que quer saber quais outros tipos de intelectos e perspectivas *pode* haver...[66]

Não importa o quanto você tente, você ainda será um ser humano e ainda estará a olhar para as coisas e a pensar nas coisas dum certo ponto de vista psicológico / social / cultural e a utilizar um certo aparelho perceptual fisiologicamente e historicamente condicionado. Mesmo que se trabalhe com outras pessoas o máximo que se puder e se chegue a um acordo, a falácia sempre permanece possível—mesmo que sete biliões de pessoas concordem na veracidade de um facto, sempre é possível que isto terá de ser revisto, como são frequentemente os factos no curso dos avanços científicos. Assim "a física, também, é apenas uma interpretação e exegese do mundo."[67] E deste modo não existe a verdade absoluta, isto é, algo que é verdade independentemente da perspectiva.

Para qualquer um que já tenha vivido irreflectidamente supondo que existe uma verdade única e imutável acerca de tudo—uma visão que o próprio Nietzsche manteve nos seus primeiros trabalhos, mas mais tarde chama de "dogmatismo"[68]—o perspectivismo é bastante inquietante. Na época de Nietzsche, com o universalismo Cristão, o moralismo Vitoriano e outras visões absolutistas ainda ascendentes na Europa, o perspectivismo surgiu como uma visão selvagem, radical e perigosa. Um dos primeiros críticos de *Para Além de*

---

66 GS 374
67 BGE 14
68 Prefácio BGE

Bem e Mal disse que o livro deveria estar marcado com bandeiras negras da mesma forma que a dinamite usada para explodir o túnel Gotthard.[69] Nietzsche adorou isto, como você pode imaginar, e orgulhosamente exultou em *Ecce Homo*: "Eu não sou homem, eu sou dinamite."[70] Todavia, nos nossos dias, a ideia de que precisamos de prestar atenção às suposições psicológicas / sociológicas / culturais das pessoas tornou-se quase banal—a tal ponto que todos nós seguimos os passos de Nietzsche, a maioria de nós sem saber. Hoje em dia nós *expectamos* que os relatos de notícias sejam tendenciosos e prevemos que as visões da realidade das pessoas entrem em conflito, uma vez que a maioria de nós não acha que possa haver imparcialidade.

Deste modo o perspectivismo nos nossos dias realmente talha na direcção oposta ao que fez quando Nietzsche estava vivo. E isso é porque Nietzsche *não* está a desistir inteiramente da verdade (isto é, ele não é, em termos filosóficos, um relativista). Ele não diz que não existe tal coisa como verdade; ele diz que a verdade depende da perspectiva. Então, o que se pode fazer em casos de discordância é tentar encontrar alguma terceira perspectiva que decida entre as duas, ou fazer com que uma das duas pessoas adopte a perspectiva da outra e veja que esta é melhor do que a perspectiva com a qual ela começou. Então, por exemplo, se alguém quisesse recriar a pavimentação da Praça Masséna numa pequena cidade (tome nota, Farmington Board of Selectmen), e se discordar com a pessoa contratada para colocar o cimento acerca de como isto é disposto, esse alguém pode visitar o *site* e observar de perto para ver os ângulos apropriados, etc, e discutir isto até que o acordo seja alcançado. Nesse caso, nós diríamos que as duas pessoas tendo um desentendimento vieram compartilhar uma perspectiva. Ou pode ser que para resolver a sua disputa elas tenham de

---

69 JV Widmann, revisão do BGE, citada por Nietzsche numa carta para Malwida von Meysenbug, 24 de Setembro de 1886 = Middleton # 145
70 EH destino.1

passar para uma terceira perspectiva, ou seja, tomar uma visão diferente do ponto onde ambas começaram, contudo um lugar a partir do qual elas possam chegar a um acordo.

    Observe que tudo o que se faz para estabelecer factos limita a perspectiva de alguém. Inclinar-se e tocar o pavimento com o dedo pode ajudar a entender como o concreto foi depositado, porém isto não permitirá que se veja o padrão do tabuleiro de damas—pois tem que se levantar e direccionar o olhar em vez de se baixar. E olhar ao longo das linhas para ver o padrão xadrez não permite ver os diamantes cintilantes que aparecem num ângulo de quarenta e cinco graus. Então, qual destes é o caminho "certo" para olhar para a pavimentação—para baixo, em linha recta, num ângulo? Mesmo se alguém sobe num helicóptero e tira uma foto de cima, ou se usa a visão de satélite para obter toda a *place* numa vista (uma versão secular daquilo que os filósofos chamam de "visão de Deus"), esse alguém não obtém realmente *tudo,* porque não obtém a vista a partir da altura da pessoa em que as ilusões visuais operam. Nenhuma destas visualizações é a única correcta. Nem se pode dizer que todas elas juntas constituem a verdade do objecto porque, por um lado, sempre podem ser geradas mais, e por outro lado, não se pode realmente manter todas as visões simultaneamente— você não pode olhar para o pavimento de perto e da altura do helicóptero ao mesmo tempo. Pense em pintores cubistas, como Picasso, tentando encaixar todas as perspectivas possíveis de algo numa única pintura. Quanto mais pontos de vista você tiver sobre algo melhor será a sua compreensão, certamente. Mas "melhor" é diferente de "a melhor"—seja qual for a situação, não há uma perspectiva privilegiada, nenhuma "certa" que funcione em todos os casos. Às vezes é preciso aproximar-se de algo para ter uma melhor visão disso, outras vezes há em que é preciso afastar-se. Para alguns propósitos desejar-se-á pensar em coisas fisicamente, cientificamente, materialmente; e para outros será mais acurado pensar nelas espiritualmente, poeticamente, conceptualmente. Para qualquer propósito, há lugares melhores e piores para se ver algo. Assim como precisamos saber de onde as pessoas estão a vir para entender a perspectiva delas, também precisamos de saber para onde elas estão a ir. Uma vez que fazemos isso, entretanto, podemos chegar a um acordo.

Portanto, apesar da reputação dele como um relativista, Nietzsche ainda está a lutar por verdade. E embora na sua própria época ele fosse visto como abalo das verdades autoritárias nas quais muitos Europeus ainda acreditavam, nos nossos dias uma grande parte do que é valioso sobre o perspectivismo (na *minha* perspectiva) é que isto realmente defende e fornece um modo de compreender a ideia de que alguém *pode* julgar disputas, *pode* discutir valores, *pode* esforçar-se para encontrar uma melhor terceira perspectiva. Em vez de simplesmente levantarmos as mãos e dizermos: "Oh, todos têm a sua própria opinião," nós podemos reconhecer que alguns repórteres são melhores do que outros. Em vez de dizermos que todos os aspectos das notícias da comunicação social são tendenciosos, nós podemos reconhecer que alguns repórteres tentam acertar a história em vez de usá-la para promover a sua própria agenda, e que alguém que está pelo menos *tentando* esclarecer a história provavelmente oferece-nos uma perspectiva melhor do que alguém que está deliberadamente a tentar enrolar-nos.

É claro que mesmo uma visão que tenha sido alcançada por alguém que tenta ser imparcial ainda é apenas uma perspectiva e, como tal, ainda está sujeita a ser confrontada por outra perspectiva que a põe em dúvida. Deste modo, o perspectivismo transmite uma visão da verdade que vê a busca da verdade como interminável. Acima citei parte de uma passagem intitulada *"Nosso novo infinito"*; isto prossegue da seguinte maneira:

> Eu deveria pensar que hoje estamos, ao menos, longe da ridícula imodéstia que estaria envolvida em decretar do nosso canto as perspectivas

que apenas deste canto são permitidas. Pelo contrário, o mundo tornou-se "infinito" para nós de novo, na medida em que não podemos rejeitar a possibilidade de que *isto possa incluir interpretações infinitas.*[71]

Nunca pode haver uma perspectiva final, derradeira, perfeita, que responda a todas as perguntas, satisfaça todas os possíveis valores, necessidades e propósitos e forneça a verdade imutável. Não há ponto de observação que possa satisfazer todas as perspectivas e por isso devemos continuar a procurar, continuar a comparar e continuar a discutir.

Este é o ponto mais importante, aquele que distingue o perspectivismo do absolutismo e do relativismo. Se você é um absolutista, não há sentido em falar sobre as coisas porque quando uma pessoa tem a verdade, isso é a *Verdade* (essa é a "ridícula imodéstia" da passagem acima). Mas o mesmo é válido para o relativismo—se uma opinião é tão boa quanto qualquer outra, por que tentar convencer alguém de alguma coisa, e por que se incomodar em ouvir alguém? Nietzsche não fala sobre este lado das coisas, porque na sua época ele viu a batalha crucial ao ser o único contra o absolutismo. Nos nossos dias, isto pode ser argumentado, a batalha contra o relativismo é igualmente premente. De qualquer forma, para o perspectivismo, a discussão posterior é sempre potencialmente valiosa, porque sempre pode haver alguma nova perspectiva que não se tenha considerado, ou alguma nova maneira de ver as coisas, ou alguma nova maneira de comparar duas opiniões diferentes. O perspectivismo é, portanto, um convite perpétuo para a discussão.[72]

---

71 GS 374
72 Nos anos seguintes à nossa viagem, tem havido muita frustração nos EUA acerca de como as diferenças partidárias em Washington se tornaram cada vez mais intratáveis. Pode-se culpar Nietzsche por fomentar a visão de que as perspectivas das pessoas são determinadas pelas origens delas, e assim há uma perspectiva Democrática da realidade e uma perspectiva Republicana da realidade, e nunca as duas se encontrarão. Mas, na verdade, o perspectivismo implica uma possível solução de disputas, já que podemos sempre adoptar novas perspecti-

E qual a própria perspectiva de Nietzsche? Os absolutistas são frequentemente tentados a responder petulantemente que, segundo as próprias luzes de Nietzsche, tudo isto é apenas a interpretação de Nietzsche, a perspectiva de Nietzsche. Mas Nietzsche, como de costume, está vários passos à frente: "Supondo que isto também seja apenas interpretação—e estarás tu ansioso o suficiente para fazer esta objecção?— bem, tanto melhor."[73] O perspectivismo de Nietzsche é uma perspectiva também, é claro! O que mais poderia ser? Então o ponto de vista é consistente. E se você não gosta da perspectiva de Nietzsche—venha com uma melhor!

NO EXTREMO sul da Place Masséna, o trâmuei faz uma curva de noventa graus para o leste e desce a Boulevard Jean Jaurès. Saímos na Gare Routière. Temos um vago senso de onde fica o nosso apartamento e começamos a caminhar no que acreditamos ser a direcção certa, procurando placas de rua, mas enquanto passeamos pelo parque entre as duas vias da *boulevard*, uma mulher que nós nunca tínhamos visto antes profere "Você é a Sra. Cohen?" Nós somos surpreendidos por ela reconhecer Vicky e por ela nos falar em Inglês, mas realmente quantas famílias de seis pessoas haveria àquela hora procurando sinais de rua? Com certeza, é a nossa gerente de apartamento, Joy, uma Inglesa que mora em Nice e gerencia apartamentos para muitos Ingleses que possuem segundas residências aqui.

Os Ingleses estavam entre os primeiros turistas da era moderna a visitar Nice. Por um lado, a Revolução Industrial criou uma classe média com a riqueza e os meios para se

---

vas, seja a dos que disputam connosco ou a de "terceiros" para os quais nos devemos mover para resolver as nossas diferenças e ver as coisas no mesmo modo. O que é preciso é abertura para ouvir a perspectiva do outro, disponibilidade para explicar a nossa própria, e prontidão para mudar para uma melhor.
73 BGE 22

deslocar. Por outro lado, a história Inglesa de navegação marítima tornou-os confortáveis com a ideia de embarcar em barcos e percorrer longas distâncias. O Império ajudou também, trazendo a sensação de que eles possuíam o seu mundo e também poderiam vê-lo de tempos a tempos. Para onde ir, exactamente? Dada a humidade, o clima cinzento —desculpe-me, *cinza*—nas Ilhas Britânicas, os ingleses naturalmente procuravam a Riviera. Combine estes factos e fica claro por que a arborizada avenida costeira de Nice, repleta de hotéis de luxo, é chamada de Promenade des Anglais. Nietzsche menciona isto em várias cartas; ele gostava de andar para o oeste à tarde, depois voltar com o sol poente atrás iluminando os hotéis e a cidade antiga diante dele.[74]

Joy guia-nos para o nosso lar temporário. Rue de Gubernatis é uma rua estreita e o nosso prédio é bastante comum, no entanto quando chegamos ao nosso apartamento nós notamos que este é leve, arejado e foi bem renovado. Ele tem todas as "comodidades", como diz Joy—máquina de lavar louça, máquina de lavar roupa, micro-ondas e ar-condicionado. A parte traseira abre para um pátio do jardim; a da frente para as venezianas do outro lado da rua.

Um momento para descrever as venezianas de Nice, as quais, em retrospecto, acho que são a característica definidora da cidade. A maioria dos edifícios possui-as, mesmo os mais novos. As venezianas são altas e têm finas ripas de madeira. Elas abrem-se para os lados, mas também têm uma secção central que se pode balançar como um toldo. É um *design* inteligente, respondendo às duas necessidades contraditórias da Riviera: proteger do sol e deixar entrar a brisa. A maioria das venezianas está a precisar de tinta, mas isso só aumenta o charme delas. Estas venezianas expressam a idade de Nice e falam duma atmosfera de delicada negligência—uma sensação de viver no passado, de tentar manter uma conexão com um certo tempo.

---

74 Veja Krell & Bates 189.

Depois de ter uma base, eu posso relaxar e apreciar o meu ambiente. Nietzsche era similar, creio eu. As transições muitas vezes deixavam-no doente, e por conseguinte a sua necessidade medicinal de mudar de residência era má para a sua saúde, paradoxalmente. Mas uma vez que ele dormisse—e caminhasse—num novo lugar, ele recuperava o seu *esprit*. Claro, isso era apenas até a estação mudar e tinha ele de encontrar um novo lugar, menos quente, menos húmido, menos o que fosse. De qualquer modo, eu posso entender como ele podia viver com êxito enquanto nómada—um lar temporário é uma casa, seja como for, seja um assento de avião ou uma pensão ou um apartamento.

Vicky e eu ouvimos as crianças rindo no quarto delas enquanto nos retiramos para o nosso, finalmente horizontal depois do nosso longo dia de viagem, finalmente embarcado inteiramente na nossa jornada.

Regando a Alma na Riviera

É A MANHÃ seguinte—no final da manhã, visto que ainda estamos a ajustar-nos ao novo fuso horário—e estamos quase prontos para bater as ruas. Último item a acondicionar: garrafas de água. Não podemos sair para o sol de verão da Riviera sem as nossas garrafas de água. Nietzsche escreve em *Ecce Homo*: "Prefiro cidades onde abundam as oportunidades de mergulhar nos mananciais (Nizza, Turim, Sils); um pequeno copo acompanha-me como um cão."[75] Nós não prevemos poder mergulhar nos mananciais, por isso levamos as nossas garrafas de água, no entanto a atenção para a hidratação como chave para a saúde é a mesma. Uma das coisas que agradeço à minha esposa é convencer-me a beber um copo de água com o pequeno-almoço todas as manhãs—eu costumava ter uma quebra diária a meio da manhã, mas não mais graças à boa hidratação.

E isto também é uma lição Nietzschiana—muitas vezes atribuímos o nosso ânimo e desempenho geral a causas relacionadas à alma ou à ideia, mas na verdade, na maioria das vezes, as causas são fisiológicas. Eu costumava culpar-me por aquelas quebras ou cair num modo deprimido de pensar sobre as coisas acreditando que eu estava a perceber com precisão a natureza real dessas coisas. De facto, isto era apenas a minha própria falta de hidratação a derrubar-me. Eis como Nietzsche coloca o assunto em *Zaratustra*, com típica exactidão e concisão:

---

75 EH esperto.1

'Corpo sou eu, e alma'—assim fala a criança. E por que não se deveria falar como as crianças? Mas o desperto e sabedor diz: corpo sou eu inteiramente, e nada mais; e alma é apenas uma palavra para algo acerca do corpo.

Ainda é bom usar o vocabulário baseado na alma—por exemplo, eu posso falar preferencialmente sobre sentir-me deprimido estando sub-hidratado. Mas eu tenho de perceber que quando digo: "estou a sentir-me em baixo", estou a descrever algo acerca do meu corpo, e, portanto, uma solução corporal—beber um copo alto de água, por exemplo - bem poderia ser a resposta, e acabo por sentir-me diferente na minha alma como consequência. Pode funcionar de outro modo também—algo deprime-me emocionalmente e acabo com sintomas corporais negativos. Mas a permutabilidade da linguagem corporal e da linguagem baseada na alma é um dos princípios mais importantes de Nietzsche. A alma não é uma entidade fantasmagórica e misteriosa que flutua no ar logo acima das nossas cabeças, ou um gás espectral que existe nos interstícios dos nossos cérebros; preferivelmente é uma maneira de descrever as nossas funções vitais que se mostra bastante útil desde que nos lembremos de que a alma não é uma entidade separada, mas sim um aspecto dos nossos eus holísticos.

UMA VEZ que as garrafas de água estão cheias, nós ainda temos de reunir as folhas de roteiro que imprimimos da Internet, encontrar as nossas câmaras, encontrar os nossos chapéus e carregar as nossas diversas mochilas e bolsas de câmara. Finalmente—finalmente!—estamos fora da porta.

Caminhamos pela Rue de Gubernatis, atravessando a Avenue Felix Fauré e a Boulevard Jean Jaurès—entre elas o parque cheio de árvores floridas, magníficas ao sol—descendo as escadas da Descente Crotti e entrando na *vieille ville* de Nice.

Se entrar no trâmuei ontem era dar um passo para o futuro, descer as escadas hoje é dar um passo para o passado. Cerca de uma década por passo, diria eu - por baixo, nós revertemos alguns séculos. As escadas transformam-se numa rua estreita, a qual se conecta com outras ruas estreitas unidas num randómico conglomerado. A maior parte do tráfego é pedestre, embora haja um veículo ocasional, geralmente um carrinho eléctrico ou um camião pequeno a fazer uma entrega. Edifícios de pedra apinham a rua, alguns pintados em cores brilhantes. Muitos têm floreiras nos peitoris das janelas e todos apresentam as mesmas venezianas deterioradas, absolutamente encantadoras, que eu observei na noite passada.

As ruas estão dispostas ao acaso, conforme a necessidade ditada ao longo dos séculos, e não pelo plano racional. Nos Estados Unidos, a maioria das cidades tem um tipo de padrão de ruas em forma de grade, de modo que se você começar numa rua que vai para o norte pode continuar nessa direcção por bastante tempo. Nestas antigas cidades Europeias as ruas seguem caminhos de carroças e percursos pedestres de outros tempos. Talvez você tivesse que evitar a raiz duma árvore, há muito desaparecida, mas lembrada por uma curva numa rua, e a sombra da existência disto continua a existir nas estruturas que eventualmente a cobriram. De facto, ao longo dos séculos, cada espaço disponível passou a ser usado, de modo que os edifícios se amontoam uns contra os outros. O resultado é uma construção parecida a um labirinto que é estranhamente uniforme embora tenha resultado de incontáveis anos de natural desenvolvimento. Entrar nestas cidades antigas é uma questão de, literalmente, fisicamente entrar na história delas.

É um mundo em escala muito humana. Os prédios,

por exemplo, têm três, quatro ou cinco andares porque essas eram as limitações dos materiais de construção disponíveis, sem mencionar o número de degraus que as pessoas podem tolerar num prédio sem elevador. As ruas são tortas porque os caminhos pedestres nunca são usados em linhas perfeitamente rectas. As lojas são pequenas e abrem-se para a rua. A cidade é construída em pedra mas parece um organismo que tem crescido em simbiose com os seus habitantes humanos.

Eu guio-nos pelas ruas estreitas em direcção ao Cours Saleya. Eu sou o navegador da família, um sinóptico perseguidor desde a mais tenra idade. Não há realmente nada que eu aprecie mais do que navegar num novo lugar, ou mesmo num lugar familiar, no entanto a partir de um novo ângulo. Mas eu tenho de dizer que tenho uma emoção especial ao navegar pela rica complexidade das cidades antigas como Nice. Nas cidades Americanas você pode navegar pelas direcções—tendo ido para o norte, você pode agora virar noventa graus a leste, depois noventa graus a sul, e assim por diante—mas num ambiente urbano antigo você pode navegar apenas pelo conhecimento específico de que esta rua desagua naquela, este beco conecta-se com aquela escada, etc. Uma cidade antiga é personalizada, individual, um mundo próprio.

As placas de rua na Velha Nice são fixadas nos lados dos prédios, entre o primeiro e segundo andar. Isto contribui para o sentido da *vieille ville* como uma construção orgânica. Nas cidades Americanas modernas as ruas são rotuladas por sinais, como se alguém ao passar simplesmente plantasse o sinal e fosse embora. Em cidades antigas como esta, a rua declara o seu próprio nome na sua própria voz através dos edifícios que a constituem. É como se os edifícios e a rua tivessem crescido juntos como um organismo, e agora este organismo está a mostrar aos transeuntes o seu próprio nome tatuado na sua própria carne.

Todas as ruas na *vieux* Nice têm nomes duplos, em duas línguas diferentes: Francês e algo que eu tinha expectado ser Italiano mas realmente acaba por ser um dialecto idiossincrático chamado Niçardo. Niçardo tem alguns ecos de Francês e Italiano. Por exemplo, a palavra Francesa *place* torna-se *piazza* em Italiano; a palavra em Niçardo para a mesma coisa é *plassa,* uma espécie de híbrido.

As diferenças entre os nomes duplos das ruas em Nice são às vezes menores, como quando *rue* é substituído por *carriera,* ou *descente* por *calada,* e o resto do nome é o mesmo ou pelo menos uma tradução aproximada. Assim, a Rue Droite é também Carriera Drecha, e a Rue du Marché é também Carriera dóu Mercat. Outras vezes, porém, a rua tem um nome totalmente diferente em Niçardo. Por exemplo, a Rue Louis Gassin é também Carriera dóu Cours, e a Rue Alexandre Mari também é Carriera dóu Pouònt-Nóu.

A razão para Nice ter dois idiomas de origem é que, embora pensemos em Nice hoje em dia como uma cidade Francesa, de facto durante a maior parte da sua história Nice foi Nizza. Embora às vezes subjugada por governantes Francófonos da Provença—e ocasionalmente saqueada por Muçulmanos Sarracenos e Otomanos—a cidade há muito se considerava parte do mundo de língua Italiana e em 1388 formalmente colocou-se sob a protecção da Casa de Saboia. Esta família real—cujo palácio visitaremos quando estivermos em Turim—em determinados momentos dominou uma grande área no que hoje é o noroeste da Itália e o sudeste da França, e em certo ponto também se tornou governante da Sicília. Durante o *Risorgimento* do século XIX[76], quando a Itália estava a mover-se para se tornar um país unificado e independente, a Casa de Saboia fez um acordo em que negociou Nice e arredores para a França em troca da desistência por parte de França das suas reivindicações para outros territórios no norte da Itália e apoiar a unificação da Itália sob o governo de Vítor Emanuel II.

---

76 Literalmente "ressurgimento" ou "reavivamento", este é o termo usado para o processo de reunificação nacional Italiana.

Contudo, foi acordado que esta troca de território não poderia ter lugar sem o consentimento dos habitantes locais e em 1860 foi realizado um referendo. A votação foi esmagadora em favor da transferência—cinco séculos depois de se submeter à Casa de Sabóia, a cidade queria ser Francesa. No entanto a votação não foi unânime e Giuseppe Garibaldi, o famoso nacionalista Italiano—que nasceu em Nizza em 1807, depreendeu que as condições legais da transferência, as quais requeriam "consentimento universal" dos habitantes, não tinham sido de facto atendidas, e então, apesar da votação, ele tentou manter Italiana a cidade. Os seus apoiantes locais, os Garibaldini, como eles se chamavam, revoltaram-se com frequência contra a transferência ao longo da década de 1860. Embora tivessem sido violentamente subjugados, e apesar da rebeldia do seu líder contra a nova ordem, há no entanto uma Place Garibaldi perto da margem norte da *vieille ville*. A cidade tem sido Francesa desde então, excepto por alguns anos durante a Segunda Guerra Mundial quando, após os alemães terem quebrado o poder Francês no *blitzkrieg*[77] de 1940, os seus aliados Italianos puderam brevemente governar a área de novo.

Então não deveria ser surpresa que a herança Italiana em Nice seja enorme. Não só todos os nomes das ruas são duplicados mas também muitos dos nomes oficiais das ruas Francesas são de facto adoptados ou adaptados dos nomes Italianos. Por conseguinte nós chegamos à Rue Alexandre Mari a partir da Rue Raoul Bosio, depois de termos chegado lá a partir da Descente Crotti. Não só os nomes de ruas e lugares mas também a arte, a arquitectura e especialmente a culinária de Nice reflectem a influência Italiana. Isto é parte do que dá ao local um certo charme—é verdadeiramente internacional, com laços directos com as histórias da Itália e da França, com fortes e duradouras presenças turísticas de Ingleses e Russos (há uma igreja Ortodoxa Russa na parte mais nova de Nice,

---

77   N.T. ataque-relâmpago

a Cathédrale St. Nicolas, que é um dos principais pontos turísticos habituais), e as mais recentes populações turísticas de Alemães e Americanos (portanto a rua que atravessaremos para ir do Cours Saleya até ao mar é Quai des États-Unis).

Não é de admirar que Nietzsche se sentisse confortável aqui. Em *Humano, Demasiado Humano*, ele tinha escrito que a Europa estava a deixar a era das "auto-enclausuradas originais culturas nacionais" e a entrar numa "era de comparação... uma época em que várias filosofias diferentes de vida, costumes, [e] culturas podem ser comparadas e experienciadas lado a lado."[78] Ele não tinha conhecido isto nessa altura, visto que ele não chegou aqui até 1883, mas ele tinha acabado de descrever Nice perfeitamente. Durante o seu tempo aqui, embora a administração oficial se tivesse tornado Francesa, o toque Italiano do lugar ainda teria sido bastante forte, assim como o idiossincrático idioma Niçardo, a culinária e a cultura. De facto, para os seus correspondentes, Nietzsche frequentemente identificava a sua localização como Nizza, não obstante a transferência para a França ter ocorrido mais de duas décadas antes. Na sua mistura de culturas e povos, Nice / Nizza apresentou a Nietzsche o cumprimento da sua profecia:

> Comércio e indústria, o correio e o negócio livreiro, a posse em comum de toda a cultura superior, a rápida mudança de lar e de cenário, a vida nómada agora vivida por todos os que não possuem terra—estas circunstâncias estão necessariamente a trazer um enfraquecimento e finalmente uma abolição das nações...de modo que, como consequência do cruzamento contínuo, uma raça mista, a do homem Europeu, deve vir a existir a partir delas. Esta meta está actualmente a ser trabalhada em contrário...pela separação das nações através da produção de hostilidades nacionais. Não são os interesses de muitos (os

---

78 HAH 23

povos)...mas acima de tudo os interesses de certas principescas dinastias e de certas classes de negócio e sociedade que impulsionam este nacionalismo; uma vez que se tenha reconhecido este facto, não se deve ter medo de se proclamar a si próprio simplesmente um *bom Europeu* e activamente trabalhar para o amalgamento de nações....[79]

Depois de inventar o ideal do "bom europeu" nesta passagem de *Humano, Demasiado Humano* em 1877, e depois de descobrir Nice em 1883, Nietzsche empregou o termo novamente em 1885 em *Para Além de Bem e Mal.* No entanto, o seu significado agora tem mudado significativamente. A formulação do "amalgamento de nações" de 1877 parece o antigo ideal americano do *melting pot*[80]—uma variedade de culturas que perdem a sua distinção e se fundem numa só. Mas em *Para além de bem e mal,* escrito depois de Nietzsche ter passado algumas temporadas em Nice, os bons europeus são agora descritos como

> "aqueles seres humanos mais raros e raramente satisfeitos, os quais são muito compreensivos para encontrar satisfação em qualquer pátria e sabem como amar o sul no norte e o norte no sul."[81]

Nesta visão reformulada, sul e norte mantêm as suas identidades e os bons Europeus são aqueles que podem apreciar culturas divergentes.

Parece, então, que a experiência de viver em Nice mudou o entendimento de Nietzsche do bom Europeu.[82] Nice é um lugar

---

79 HAH 475
80 N.T. crisol de raças
81 BGE 254
82 Certamente há outras coisas a acontecer no desenvolvimento intelectual de Nietzsche (como poderia não haver?) que também afectam esta mudança. Nomeadamente, a inicial teoria da verdade de Nietzsche, na qual há apenas uma verdade, combina muito bem com a ideia de culturas fundidas numa única, enquanto a ideia de culturas que permanecem distintas se ajusta perfeitamente ao perspectivismo, no qual existem múltiplas versões da verdade que

que tem sido negociado de um lado para outro entre diferentes poderes políticos, que tem tido conquistadores de diferentes orientações, que acolheu pessoas na época de Nietzsche de toda a Europa, e agora de todo o mundo, e ainda um lugar que mantém as suas idiossincrasias locais juntamente com influências linguísticas, culinárias, artísticas e arquitectónicas de muitas culturas diferentes. Nice é de facto o lugar perfeito para se ser um bom Europeu no segundo sentido mais rico de Nietzsche; Nice, e não Bruxelas, deveria realmente ser a capital Europeia de hoje.

---

não pode ser reduzida, ou assimilada, em qualquer versão final da verdade.

O Viver Nietzschiano
Na Velha Nice

DELEITANDO-NOS com a mistura de pessoas, as pequenas lojas encantadoras, e o irreprimível sol que eclode sobre nós quando contornamos as esquinas e entramos em espaços abertos, passamos nós alegremente pela *vieille ville*. Repentinamente a estreita rua abre-se para uma ampla *plassa*. À nossa esquerda está um elegante *palazzo* Saboia que é agora o Palais de Justice. Adiante está uma adorável igreja, a Chapelle de la Miséricorde, e do outro lado está o nosso destino, Cours Saleya, um mercado ao ar livre.[83]

O mercado em si é composto por uma longa sucessão de tendas de vendedores com corredores de ambos os lados. Tudo está à venda: queijos e vinhos e frutas e legumes e especiarias e sabonetes e chapéus e lembranças e pães e bolos, toda a estimulante recompensa da Provençal agricultura, panificação, e artesanato. O Cours está cheio com compradores circundando os vendedores e com pessoas a caminhar de e para a praia, a qual fica do lado de fora da muralha da cidade ao longo do lado sul do Cours. Numa extremidade do Cours está o Marché des Fleurs, onde os floristas se agrupam; na outra extremidade está a Place Charles-Felix, também conhecida como Plassa Carlou-Felis (mais tarde aprenderemos, quando visitarmos a sua casa ancestral fora de Turim, que Charles, ou Carlou, foi um importante príncipe

---

[83] Note-se nestas três frases a adequação sucessiva dos termos em Francês, Niçardo, e Italiano. Eu estou a tentar ser um bom Europeu!

herdeiro de Saboia). Nos baixos prédios ao redor do Cours há mais lojas, bem como restaurantes que se preparam para a hora do almoço, com mesas elegantes que se estendem até à praça e tabuletas anunciando *specialitès de la maison*.

Mercados ao ar livre são uma experiência totalmente diferente da dos internos. Ao comprar os nossos mantimentos de pequeno-almoço na noite passada nas Galeries Lafayette nós tínhamos a opção duma variedade fenomenal de produtos. Mas escolhemos por conta própria, em particular, antes de emergir na fila de pagamento para submeter as nossas selecções para a inspecção do encarregado da caixa. Num mercado ao ar livre comprar algo é uma interacção humana. O vendedor está bem ali na sua frente. Ele ou ela pode vê-lo, dimensioná-lo, ver quais as mercadorias que o seduzem e as que você ignora, ter uma conversa, às vezes até mesmo oferecer-lhe uma degustação. O impacto da sua compra ou não compra é palpável e imediato para o vendedor. De modo diferente num grande armazém, num mercado ao ar livre uma venda é uma interacção humana memorável.

É um tempero também. Ao contrário de um supermercado moderno, onde tudo está embrulhado, no Cours Saleya tudo está aberto ao ar. À medida que circulamos, nós captamos delicados cheiros do queijo dos vendedores, poderosos odores das peixarias, e aromas inspiradores e extasiantes das especiarias (afinal, de onde você acha que vieram as *herbes de provence?*). Um mercado ao ar livre também é cheio de possibilidades fotográficas, nas quais os meus filhos se divertem. O olho de Sam é principalmente para pessoas interessantes; Rosie procura conjuntos atraentes de especiarias, frutas e sabonetes; Eli está a procurar ângulos interessantes das filas de toldos. Sam encontra uma escada num dos prédios baixos, no lado sul do Cours, que emerge no telhado do edifício, permitindo uma longa perspectiva do mercado. O restante de nós sobe para se juntar a ele. Depois de admirar a agitação de cima para baixo, nós voltamos para obter a nossa primeira vista, desde a que tivemos de avião, do brilhante Mediterrâneo azul, cintilando ao sol.

Quando voltamos pelas escadas, o mercado oferece-nos um soberbo piquenique. Eu sou um fanático por azeitonas e escolho três intrigantes variedades Niçoise, Vicky localiza tomates e pepinos, Sam selecciona vários queijos exóticos, Rosie descobre figos frescos, Eli tira duas longas baguetes e Miriam escolhe algumas brilhantes framboesas vermelhas. Depois saímos do mercado para o sul e cruzamos o Quai des États-Unis até à beira-mar. Procurando sombra, nós vagueamos para o leste e acabamos próximo de um grande grupo de pedregulhos depositados sob uma curva na estrada. Acima da estrada há uma fileira de residências do século XIX, sobre as quais se ergue o penhasco da Colline du Chateau; diante de nós corre a longa extensão de praias e hotéis ao longo da Promenade des Anglais para oeste, tão longe quanto o olho pode ver, e dominando toda a cena—o mar brilhante.

Krell intitula o seu capítulo sobre as estadias de Nietzsche na Riviera, "Intimate converse with the sea"[84], citando o uso de Nietzsche desta frase na sua autobiografia para descrever as origens do seu livro *Aurora*.[85] Para um homem com poucos amigos, a maioria das experiências do mar teria sido solitária com o contínuo rebentamento das ondas, o único som a combinar com o contínuo rebentamento dos seus pensamentos. No meu caso, o meu encontro próximo com o Mediterrâneo inclui os murmurinhos e exclamações da minha família apreciando a comida maravilhosa que temos comprado. Os figos frescos, em particular, são uma revelação—e sabe de uma coisa? O nosso herói até tinha algo a dizer sobre figos, na boca de Zaratustra:

> Os figos estão a cair das árvores; eles são bons e doces; e, quando caem, a sua pele

---
84 N.T. "Íntima conversa com o mar"
85 EH books.D.1 (Kaufmann traduz esta frase como "secrets with the sea".)

vermelha explode. Eu sou um vento norte para figos maduros. Assim, como os figos, estes ensinamentos caem para vós, meus amigos; agora consumai o seu suco e a sua doce carne.[86]

Uma filosofia tão doce quanto figos frescos—esta é de facto uma boa filosofia.

Quando o nosso piquenique termina nós cingimo-nos com as nossas mochilas e as nossas bolsas de câmara. Bem reforçados com queijo Provençal e figos frescos, nós estamos agora prontos para os nossos objectivos: Encontrar as residências de Nietzsche em Nice.

Bem, duas das residências de Nietzsche. Ele morou em quatro lugares diferentes em Nice, nos cinco invernos que aqui passou, às vezes trocando a meio do inverno em busca de mais espaço ou mais luz, ou para economizar alguns francos.

A primeira foi na Rue Cathérine Ségurane, no lado leste do Parc du Château. O *parc* inclui uma enorme colina, a Colline du Chateau, a qual funciona como uma espécie de muro de fronteira no extremo leste da *vieille ville*. Esta residência não é, portanto, um local especialmente conveniente para alcançarmos; nós nos contentaremos amanhã com o *zooming* no autocarro para Èze.

A segunda residência, e a que ele mais visitava, era a Pension de Genève, na *petite* Rue St. Etienne. Não é um nome adorável para uma rua? Eu imagino um pequeno beco ou viela e uma casa cheia de floreiras. Todavia, tudo o que eu posso fazer é retratar isto: a rua inteira foi demolida há muitos anos para que a estação ferroviária pudesse ser expandida.

Em vez disso, o nosso primeiro objectivo para hoje é encontrar a última residência de Nietzsche em Nice. Ou seja, foi a última das quatro que ele descobriu. O seu último inverno em Nice, em 1888, foi passado na Pension de Genève, no primeiro andar do prédio cujo quarto andar fora danificado

---

86   Z II.2, repetido no Prefácio de EH.4

no terramoto de 1887. Estou um pouco intrigado sobre por que confiaria ele mesmo no primeiro andar dum prédio cujo quarto andar ficou inabitável por um terramoto. Porém, novamente, uma das suas passagens mais famosas incita-nos a viver perigosamente:

> O segredo da maior fecundidade e do maior prazer da existência é: viver perigosamente! Constrói as tuas cidades ante o Vesúvio! Envia os teus navios para mares desconhecidos![87]

Eu sempre tenho pensado que ele declara isto metaforicamente e intelectualmente; isto é, ele não está a recomendar que nós atravessemos a rua sem olhar, mas sim que nos libertemos dos velhos e confortáveis modos de pensar e viver e experimentemos novas ideias arriscadas. No entanto quando eu penso nele voltando para Nice no ano após o terramoto e vivendo num andar inferior dum prédio cujo piso superior tinha sido danificado naquele terramoto, eu pergunto-me se talvez ele quisesse dizer isto literalmente. (É provável que o aluguer naquele ano fosse muito baixo.) Talvez ele queira dizer que uma escolha com perigo fornece um *frisson* que nos ajuda a apreciar e a aproveitar a vida e nos insta a rejeitar a segurança do desenvolvido mundo moderno para sentir isso novamente. Uma coisa é certa: ele definitivamente divertiu-se no rescaldo do terramoto, conforme escreveu numa carta no dia seguinte:

> Nizza acabou de ter o seu demorado carnaval internacional... e, imediatamente depois disso, seis horas após a sua última *girandola* [JC—um fogo de artifício rotativo], novas e mais raramente provadas delícias da vida chegaram. Estamos a viver, de facto, na interessante expectativa de *que nós iremos perecer*—graças a um terramoto bem-intencionado, o qual está a fazer os cães uivarem em toda parte, e não apenas os cães. Que divertido,

---

87 GS 283

quando as velhas casas se agitam como moinhos de café! Quando o frasco de tinta assume vida própria! Quando as ruas se enchem de figuras meio vestidas e sistemas nervosos despedaçados! Ontem à noite entre as duas e as três horas, *comme gaillard* quanto eu sou [JC—esta frase é um pouco intraduzível—N parece querer dizer que ele estava a fazer o papel de um companheiro alegre], eu visitei os vários bairros da cidade para ver onde o medo é maior. A população está a acampar dia e noite—parecia agradável e militar. E agora até nos hotéis!—onde houve muito dano e assim o completo pânico prevalece. Eu encontrei todos os meus amigos, homens e mulheres, estendidos miseravelmente debaixo de verdes árvores, fortemente agasalhados, pois estava amargamente frio, e pensando em sombrios pensamentos do fim sempre que um pequeno abalo surgia. Não tenho dúvidas de que isto trará a *saison* para um repentino final—todos estão a pensar em *partir* ... Já ontem à noite os hóspedes do hotel, onde eu como, não puderam ser persuadidos a levar as suas *table d'hôte* para dentro—as pessoas comeram e beberam no exterior; e, excepto por uma velha senhora muito devota, a qual está convencida de que o bom Deus não tem o direito de lhe fazer qualquer dano, eu era a única pessoa alegre no meio de uma multidão de máscaras e "corações palpitantes".[88]

Um terramoto com todos na expectativa de morrerem—que diversão! É isto apenas uma face corajosa que ele está a colocar? A carta termina com um P.S. desculpando-se pela caligrafia instável; Nietzsche diz que teve de se apressar para conseguir que a carta entrasse no próximo comboio, mas estava ele possivelmente mais assustado do que deixa transparecer? Ele certamente está a regozijar-se em *schadenfreude*[89] (para usar

---
[88] Carta para Reinhart von Seydlitz, 24 de Fevereiro de 1887 = Middleton # 150
[89] N.T. satisfação com o infortúnio alheio

outra frase intraduzível de outro idioma) com a visão de toda a expulsada presunção nas calçadas no meio da noite. Mas aqui também tem que se perguntar sobre as suas reais emoções. Afinal, quando a confusão terminou, foram eles e não ele quem entrou de novo naqueles hotéis, onde ele podia pagar para comer uma vez por dia mas não para ocupar um quarto. Um último pensamento: A analogia que Nietzsche traça entre a sua própria alegria e a fé segura da piedosa velhinha reflecte a ideia dele de que o seu novo modo ímpio de pensar substituirá satisfatoriamente o monoteísmo tradicional proporcionando uma sensação semelhante de paz com o que quer que aconteça.[90] A velha senhora tem fé que, seja qual for o desastre fortuito, existe uma inteligência acima, a qual assegura que tudo é como deveria ser. Nietzsche, por outro lado, sustenta que o mundo é totalmente randómico e que a atitude apropriada a tomar é regozijar-se com a sua aleatoriedade e cada um amar o seu próprio destino de qualquer maneira. E nesta carta notável, ele está a andar a pé, ou acho eu que o máximo que posso dizer é que ele está a falar da caminhada.

Numa carta diferente sobre o terramoto, Nietzsche conta a destruição do quarto andar da Pension de Genève como um "lado positivo" do terramoto, naquele momento a posteridade terá um "local de peregrinação" a menos para visitar.[91] No nosso caso, pelo menos, isto é inteiramente verdade, e por isso hoje não procuramos a Pension de Genève mas sim o lugar onde Nietzsche estava a morar no momento do terramoto, o local onde ele escreveu estas cartas, 29 Rue de Ponchettes.

Rue de Ponchettes corre paralela ao Cours Saleya no lado sul deste; assim, a fileira de prédios que formavam o lado sul do Cours, no topo do qual nós estivemos para ter a nossa visão panorâmica antes de adquirir o nosso piquenique, é a mesma fileira de prédios que forma o lado norte da Rue de

---

90 Ver HAH 107.
91 Carta para Emily Fynn, em Krell & Bates 193 fn 5

Ponchettes. A exposição a sul dos edifícios era precisamente o apelo que esta residência tinha para Nietzsche. Você percebe, a Riviera Francesa é geralmente considerada um lugar quente, e, claro, a nossa visita aqui surge durante o verão, mas ainda é Europa e o inverno pode ser frio. Nas suas cartas para casa, a partir de Nice, Nietzsche frequentemente se arrependia de não ter um fogão, ou, se tinha um, lamentava quão deficientemente isto funcionava; em várias destas cartas, ele pede desculpas por escrever com "dedos azuis".[92] Então um quarto acessível com exposição meridional era um achado.

Desde o seu início no extremo leste do Cours, a Rue de Ponchettes corre mais para leste todo o caminho ao longo do lado sul da *vieille ville* para o sopé da Colline du Chateau. É essencialmente uma rua residencial e a maioria das casas é numerada, então nós partimos na expectativa que seja fácil encontrar a residência de Nietzsche. No entanto, apesar de várias travessias pela rua inteira, eu não consigo encontrar um prédio numerado de 29. O melhor palpite que posso fazer é ligeiramente desanimador, nomeadamente que a antiga residência de Nietzsche é agora a área de armazenamento na parte traseira dum restaurante cuja frente se abre para o Cours Saleya.

Enfim, a vida continua. Um dos ensinamentos de Nietzsche é que "a vida opera *essencialmente,* isto é, nas suas funções básicas, através de injúria, agressão, exploração, destruição, e simplesmente não pode ser pensada de forma alguma sem esse carácter."[93] Nós geralmente pensamos na natureza como uma harmonia pacífica, porém, na verdade, todos os ecossistemas são compostos de elementos concorrentes que tentam comer-se uns aos outros, ou ofuscar-se mutuamente, ou desenraizar-se uns dos outros, ou apanhar os recursos uns dos outros. A natureza, na interpretação de Nietzsche, consiste na "aplicação tiranicamente inconsiderada e implacável das reivindicações de

---

92   Krell e Bates 193; veja também a carta para Peter Gast 27 de Outubro de 1887 = Middleton # 156
93   GM II.11

poder"⁹⁴ e uma vez que grande parte do seu projecto filosófico é "trazer o homem de volta à natureza"⁹⁵ isto aplicar-se-ia também ao mundo construído humanamente. "Se um templo for erguido, *um templo deve ser destruído.*"⁹⁶ E assim, da mesma forma, se um restaurante precisa duma arrecadação, ou a estação ferroviária precisa de se expandir, uma antiga residência de Nietzsche deve ser destruída. Tenho a certeza de que o próprio homem estaria bem com isto, e assim eu decido que seguirei nos passos dele sobre este ponto.

Há outra antiga residência na *vieux* Nice, onde Nietzsche viveu durante o inverno de 1885-86. Uma vez que há uma foto desta em *The Good European,* eu tenho grandes esperanças de encontrá-la não destruída. Nós reentramos no Cours Saleya e perseguimos a nossa presa pelo outro lado, para oeste. Depois de atravessar o Marché des Fleurs, de brilhantes cores e de fragrante transportamento, nós descemos para a Rue François de Paule. Chegamos à Casa da Ópera, uma impressionante estrutura com estátuas de heróis musicais trabalhadas na ornamentada fachada do edifício. Nietzsche ouviu uma apresentação de *Carmen* de Bizet, a sua ópera favorita de sempre, aqui mesmo logo após a chegada. De seguida passamos por mais lojas, incluindo uma grande loja dedicada inteiramente ao azeite—centenas de variedades diferentes. Estas chegarão aos Estados Unidos daqui a alguns anos, mas por enquanto esta é outra maravilha Provençal.

Finalmente, aí está: número 26, Rue François de Paule. Nietzsche vivia no *2e étage à gauche,* voltado para o norte, o que era uma benção mista—a luz indirecta era boa para os olhos dele, mas não tão boa para aquecer o quarto. O grande e bonito edifício agora, aparentemente, serve principalmente como uma fonte de escritórios para *avocats,* os quais não são abacates (como Eli sugere a brincar) mas advogados (como Rosie pacientemente o corrige). Parece um bom lugar para

---
94 BGE 22
95 BGE 230
96 GM II.24

morar, tanto o próprio prédio quanto a localização. Assente no ápex ocidental da *vieille ville,* isto fica em frente a um pequeno parque, a Place des Phocéens, que é o extremo oeste da série de parques ao longo das *avenues* em ambos os lados da Place Masséna. O outro lado do prédio fica de frente para o mar. Para o oeste está a graciosa curva da costa ao longo da Baie des Anges, com todos os elegantes hotéis numa fila. Atrás de nós encontramos a Casa da Ópera, o Cours Saleya e o resto da *vieille ville.* Um bom lugar para viver. Terminamos o nosso piquenique na Place des Phocéens.

E mais tarde temos jantar num restaurante kosher na parte mais nova da cidade. Em retrospectiva, poderia ter feito mais sentido encontrar um estabelecimento mais idiossincraticamente Niçoise, porém os restaurantes kosher são um regalo raro para nós e por isso vamos em frente. A comida é todavia exótica, já que o local é administrado por Judeus Franceses com alguma ligação com Marrocos e Argélia—antigas colónias Norte-Africanas da França. Sam e Rosie experimentam o Francês com a garçonete. Eles inicialmente esforçam-se e eu começo a tentar ajudar, mas Vicky toca o meu braço; "Deixa-os," sussurra ela. E definitivamente Sam e Rosie fazem com sucesso o pedido de vários diferentes *tajins* de cuscuz. A comida é assim-assim, porém as sobremesas são boas. Retornamos da mesma forma que partimos, pela Rue Masséna, a qual se conecta com a Place Masséna a noroeste e é uma rua somente para peões, com lojas, comida e artistas de rua.

Passamos pela Place Masséna e descobrimos que as bizarras figuras brancas em cima dos postes estão iluminadas por dentro numa variedade de cores de pedras preciosas. Repletos de bom cuscuz e da magia de Nice, nós caímos nas nossas camas mais do que satisfeitos com o nosso primeiro dia, prontos para o grande evento de amanhã—Èze, e o caminho que Friedrich Nietzsche fez à sua maneira.

O Eterno Retorno de Èze

DURANTE O SEU primeiro inverno em Nice, Nietzsche fez uma excursão de um dia a Èze, uma vila medieval cercada por muralhas a alguns quilómetros a leste que tem sobrevivido aos séculos virtualmente inalterada. Mesmo naquela época era este um destino turístico comum. Isto envolveu apanhar o comboio ao longo da costa para um local conhecido, razoavelmente, como Èze la Gare (*gare* significa estação). Depois de sair do comboio, os outros turistas foram numa carruagem até ao topo da montanha, onde fica a vila medieval. Nietzsche, no entanto, desprezou a carruagem e subiu um caminho íngreme para chegar lá. Ao longo do caminho, ele compôs o que se tornou a secção "Sobre as antigas e novas tábuas" da terceira parte de *Assim Falava Zaratustra*, incluindo a seguinte passagem:

> "Por que és tão duro?- disse uma vez o carvão ao diamante.—Afinal, não somos nós parentes próximos?"
>
> "Por que tão moles? Ó meus irmãos, assim eu vos pergunto: não sois afinal de contas meus irmãos?
>
> Por que tão moles, tão maleáveis e indolentes? Por que existe tanta negação, autonegação, nos vossos corações? Tão pouco destino nos vossos olhos?
>
> E se vós não quereis ser destinos e inexoráveis, como podereis triunfar comigo?

> E se a vossa dureza não deseja cintilar e cortar e atravessar, como podereis vós um dia criar comigo?
>
> Pois os criadores são duros. E a vós deve parecer bem-aventurança imprimir a vossa mão nos milénios como na cera.
>
> Bem-aventurança de escrever na vontade de milénios como no bronze—mais duro do que o bronze, mais nobre do que o bronze. Somente o mais nobre é completamente duro.
>
> Esta nova tábua, ó meus irmãos, eu coloco sobre vós: *tornai-vos duros!* [97]

A passagem é poderosa por si só, contudo assume uma contraluz impressionante e realista quando você conhece a narrativa. Moleza e dureza estão presentes não apenas nos grandes conceitos como piedade versus "amor duro" (um frequente tema Nietzschiano, embora ele não use a expressão "amor duro", é claro) mas também em coisas mais mundanas tal como escalar uma montanha em vez de apanhar a carruagem. Os outros turistas seguiram o caminho suave; Nietzsche tomou o caminho difícil e ele sente claramente que é a melhor pessoa para isto. Subindo para o desafio activa a dureza dele e prepara-o para ser um nobre criador.

Krell, na sua introdução ao *The Good European,* adverte contra a conexão redutiva dos lugares de trabalho de Nietzsche à obra ali produzida. Você não deve supor, de acordo com Krell, que o local específico é o que deu a Nietzsche a ideia particular:

> Que devemos fazer quando Nietzsche nos diz que ele concebeu o episódio "Velhas e Novas Tábuas" de *Assim Falava Zaratustra* enquanto subia o caminho em Èze, perto de Nice, ou que pensamento do eterno retorno o dominou perto de um pedregulho piramidal em Surlej? "Das Velhas e Novas Tábuas" é um texto longo e

---

[97] Z III.12.29

cuidadosamente composto: não foi escrito numa caminhada...

Para empurrar mais a questão: pode-se calcular a influência dos lugares de trabalho de Nietzsche nas suas principais ideias...? É o eterno retorno um pensamento de lagos Alpinos, a vontade de poder uma refulgência das cidades-estado do norte da Itália, o super-homem um sonho das montanhas perto de Nice, a genealogia uma estratégia para derrotar os turistas em Sils Maria? Tais julgamentos só poderiam ser peculiares, e este livro não tem desejo de fazê-los.[98]

Num certo nível, Krell tem um ponto irrefutável: Nietzsche não pode esperar que os seus leitores saibam onde e como a sua escrita foi produzida (a menos que ele dê informações específicas acerca disto, o que ele não faz no caso de "Das Velhas e Novas Tábuas"), assim os seus escritos devem transmitir as suas ideias por si só, sem a ajuda de fotos do sítio onde foram concebidos ou de descrições das condições em que foram produzidos. Também é verdade que um lugar não determina o pensamento produzido nele; caso contrário, todos aqueles que já tivessem passado pelo pedregulho também teriam tido a mesma reflexão do eterno retorno.

Mesmo assim, professor Krell, eu discordo. Por um lado, Nietzsche poderia muito bem ter escrito toda a passagem de "Das Velhas e Novas Tábuas" naquela caminhada. Ele certamente poderia ter parado no seu caminho para cima da montanha (e para baixo novamente, mais tarde) para registar as suas reflexões no caderno que ele sempre transportava, e como veremos a caminhada leva uma boa hora ou mais, então há bastante tempo para uma passagem substancial. É claro, ele revisou e poliu mais tarde na sua escrivaninha e revisou novamente ao preparar o manuscrito completo para o editor. **Mas não vejo por que o primeiro rascunho não poderia ter sido**

---

98 Krell & Bates 5-6 (mas compare 154)

escrito a pé.

E, por outro lado, não me importo de ser peculiar—afinal de contas, é uma coisa individual Nietzschiana perfeitamente apropriada—e neste livro eu tenho todo o desejo de ligar as ideias de Nietzsche aos lugares e aos tempos em que foram produzidas. No mínimo, pode-se obter um melhor entendimento de algumas das ideias de Nietzsche a partir do conhecimento dos locais da sua produção; pode-se ter uma melhor noção do que ele está a falar. Nós já observámos no último capítulo como a vida em Nice não apenas reflectiu mas de facto parece ter mudado a própria compreensão de Nietzsche sobre o que significa ser "um bom Europeu". Por nossa vez, tendo estado nos lugares onde estas ideias significaram algo na vida de Nietzsche, nós estaremos melhor equipados, quando voltarmos aos nossos próprios locais, para descobrir que significado estas ideias podem ter nas *nossas* vidas... Portanto, conhecer a localização pode ser útil. Krell está a ser um estudioso cuidadoso quando afirma que nada se pode supor enquanto se considera a relação entre as ideias de Nietzsche e os seus locais de trabalho. Aqui neste livro, no entanto, estamos a tentar descobrir o que as ideias de Nietzsche podem significar em termos práticos. Como poderiam elas influenciar as nossas vidas? Como *devem* elas influenciar as nossas vidas?

"Tornai-vos duros," por exemplo—o que poderia isto significar em termos práticos? Bem, em relação à situação em que Nietzsche pensou pela primeira vez, isto poderia significar caminhar em vez de conduzir. Isto pode soar como um conselho trivial mas será benéfico para a saúde e para o meio ambiente, e não é difícil imaginar que um condutor habitual que se tornasse um caminhante habitual teria uma vida transformada.

Em termos mais gerais e mais instrutivos, a injunção "tornai-vos duros" pode ser estendida aos nossos valores, às nossas opiniões, às nossas escolhas de vida. Em vez de seguir o caminho fácil e seguir a multidão, nós podemos esforçar-nos para viver como indivíduos Nietzschianos. Vivendo nos primeiros anos da sociedade de massas, Nietzsche vê a cultura Europeia tendendo a um conformismo estagnado e ao triunfo do "último homem", cobarde e mesquinho, que nada faz senão jogar pelo seguro.[99] Ele acha que a chave para uma cultura saudável é a de que os espíritos livres sigam o seu próprio caminho e desenvolvam novas ideias para que a cultura também possa desenvolver-se de novas maneiras. Fazer isto pode ser difícil mas os benefícios, como considerei acima, serão acumulados tanto para a cultura quanto para o indivíduo.

"Tornai-vos duros" significa, por fim, abraçar o que é difícil, em vez de abraçar o que é fácil. A modernidade parece em nada consistir senão de dispositivos e estruturas institucionais que tornarão a vida mais fácil—mas torna isto a vida significativa? Talvez sejam as dificuldades que enfrentamos que fazem isso. Há uma passagem fantástica em Kierkegaard, onde ele se descreve como um jovem sentado no café tentando decidir o que fazer com a sua vida. Ele observa as pessoas na rua diante dele a correrem para lá e para cá, trabalhando duramente para tentar tornar a vida mais fácil—fazendo máquinas melhores, produzindo mais riqueza e por aí afora—mas Kierkegaard decide "com o mesmo impulso humanitário," como ele diz, "espalhar dificuldades em todos os lugares."[100] Eu acho que Nietzsche tinha exactamente a mesma coisa em mente. Uma vida mais fácil não é necessariamente uma vida melhor. São as coisas difíceis que fazemos, os obstáculos que superamos, que tornam as nossas vidas significativas e nos deixam orgulhosos de sermos humanos.

E é precisamente um exemplo de caminhada em vez de cavalgada que pode provocar todos estes pensamentos em Nietzsche e cristalizar a sua filosofia. Por sua vez, um leitor pode entender o assunto precisamente reflectindo sobre este

---

99   Prólogo Z.5
100 Concluding Unscientific Postscript, trans. Hong, 185

tipo de experiência. Como consequência, esse mesmo leitor pode, por sua vez, criar o hábito de procurar coisas mais difíceis e como resultado mudar a sua vida. Se a filosofia é importante nas nossas vidas, se Nietzsche for um professor, estas conexões devem ser pensadas.

Há um ponto mais amplo aqui, um que vai ao coração deste livro. O meu orientador de pós-graduação, Alexander Nehamas, diz que a biografia de Nietzsche é de interesse por si mesma, porém deve ser mantida separada da sua filosofia. Os leitores de Nietzsche não poderiam ter conhecido a história pessoal dele, por isso a filosofia dele deve ser capaz de se sustentar pelos seus próprios méritos. Nietzsche deve convencer-nos dos seus pontos filosóficos directamente, sem apelar para as suas circunstâncias de vida (o que cometeria a falácia de uma alegação especial pelo menos, e talvez *ad hominem* apelaria também à compaixão).

Até certo ponto, este princípio é bem aceite. Nietzsche deve-nos razões filosóficas, e não biográficas, pelas suas mudanças de visão. Ele não pode dizer: "Bem, eu não mais sou amigo de Wagner, e é por isso que estou a escrever contra tudo o que escrevi antes." Ele deve-nos razões pelas *quais* devemos *nós* nos virarmos contra Wagner, nós que nunca tivemos amizade com o compositor.

No entanto, Nietzsche também escreve que ele aprende não apenas do que os filósofos dizem mas também de como eles vivem. E a própria filosofia dele é aquela que enfatiza o significado vivido das ideias—tanto de onde vêm as ideias quanto da sua importância prática. "A única crítica de uma filosofia...isto prova que algo [está] a tentar ver se alguém pode viver de acordo com ela."[101] Nós estamos, portanto, seguindo de perto os passos de Nietzsche quando transformamos este pensamento no próprio Nietzsche. Onde e como viveu Nietzsche? Como isto afectou o pensamento dele? Nietzsche

---

101 UM III.8

aborda estas questões na sua autobiografia, da qual ouvimos e estaremos a ouvir de vez em quando nestas páginas. Mas certamente enganar-nos-íamos ao aceitá-lo apenas com as suas próprias palavras. Vamos ganhar uma perspectiva sobre o que ele diz, colocando-nos no lugar dele—ou, pelo menos, nos seus caminhos pedestres—e, assim, chegar a compreendê-lo melhor. Retornando depois aos nossos próprios caminhos, nós entenderemos melhor como somos diferentes.

FOI O FAMOSO passeio de Nietzsche em Èze que me inspirou a propor isto para nosso itinerário. Nós planeámos isto para o nosso inteiro segundo dia em Nice, com a ideia de que faríamos um fácil primeiro dia para superar os rigores da viagem e recuperar do *jet lag*, e ainda ter o terceiro dia de reserva para o caso de algo acontecer errado no segundo dia, o que quase aconteceu.

Durante a minha pesquisa de navegação pré-viagem, não obstante, encontrei um elemento adicional que eu não conhecia anteriormente, ou seja, que há um caminho que recebeu o nome de Nietzsche em Èze—o Chemin Friedrich Nietzsche. Conecta-se com a rua principal na vila medieval, a Avenue du Jardin Exotique, e depois desce a colina até à estação de comboios. Assim, o trilho entre a estação de comboios e a vila medieval de Èze tornou-se tão identificado com Nietzsche que a vila de Èze denominou oficialmente o caminho em honra dele. E se você está a considerar tirar férias com a sua família na Europa "Nos Passos de Nietzsche", ora então, você tem de caminhar neste trilho.

Uma vez que estávamos em Nice, nós decidimos que não precisávamos de fazer tudo como ele. Ele apanhou o comboio, porém o nosso apartamento está mais perto da estação de autocarros e de autocarro é mais barato. Mais importante ainda, uma vez que estávamos um pouco preocupados com o calor e como os nossos membros mais jovens caminhariam pelo que presumimos ser um caminho íngreme e difícil, e já que não queríamos que todos ficassem esgotados quando chegássemos à vila medieval, nós decidimos apanhar o autocarro até ao topo, explorar primeiramente a vila medieval, e depois caminhar até à estação de comboios.

Passa um pouco das doze horas no momento em que agora chegamos à Gare Routière. Perguntamos a um funcionário dos transportes públicos qual autocarro a tomar para Èze e ele diz-nos para tomarmos o *quatre—vingt—deux*. No entanto, nós descobrimos que acabamos de perder o 82. Podemos esperar por outro, todavia não haverá outro por uma hora e quarenta e cinco minutos, e tendo saído do apartamento tão tarde nós realmente não queremos atrasar-nos ainda mais.

Então olhamos à volta para os outros horários postados nas paredes. Há outra paragem listada no horário do autocarro 100, um par de paragens depois de Èze la Gare, chamada Èze Gianton. Èze, como eu entendi da história de Nietzsche e do meu trabalho de mapa, é um lugar de dois níveis: *la gare* está no fundo da colina, junto ao mar (na verdade, a próxima paragem na linha do 100 após *la gare* chama-se Saint-Laurent-d'Èze Plage—*plage* é a palavra para praia), e depois a vila medieval fica no topo da colina. Então, se o autocarro passa por *la gare* e *la plage* e chega a Èze Gianton, isso significa que sobe a colina e vai até Èze le Village ou pelo menos perto. Èze Gianton deve estar perto de Èze le Village – quão grande seria o lugar?

Bem, muito grande como se vê. Em 2008, cerca de 125 anos após Nietzsche ter passado da estação de comboios para o antigo topo do castelo, Èze tornou-se um local extenso, espalhado por várias colinas, estendendo-se por um longo caminho ao longo da costa, assim como por um bom caminho até às montanhas circundantes. Èze Gianton está basicamente no caminho para fora da cidade em direcção a Mónaco. É apenas uma parte na colina, longe do topo e longe da vila medieval.

Isto é, no entanto, incontroversamente e inegavelmente onde nós estamos quando percebo o meu erro. Pedimos para sair e perguntamos ao motorista que autocarro podemos apanhar daqui para subir até *le village*. Ele sugere o 83, o qual faz serviço local dentro de Èze. Nós saímos do autocarro sentindo-nos esperançosos. Mas quando olhamos para o horário em relação ao 83 nós descobrimos que ele funciona a cada hora durante a maior parte do dia, porém tem uma pausa de quarenta e cinco minutos a meio do dia. Estamos prestes a começar essa longa pausa, o que significa que agora nós deparamo-nos com uma espera de 90 minutos no calor, no meio do nada.

Eu passo uma hora e meia a espernear. A família conta comigo para ser o navegador e o especialista em transporte público. E aqui consegui eu manter-nos presos por uma hora e meia numa encosta remota no meio do nada no sol escaldante do meio-dia, com o tempo a passar no nosso precioso dia para explorar Èze.

E não apenas isso—eu agora tenho um problema de eterno retorno. É muito para explicar, mas não se preocupe, nós temos tempo.

A IDEIA DO ETERNO retorno remonta, pelo menos, aos antigos Estóicos, possivelmente ainda mais a Heraclito. Porém Nietzsche fez disto uma grande matéria, ele essencialmente tornou-a propriamente sua. Aqui está a passagem em que ele a apresenta:

O maior peso—E se algum dia ou noite um demónio roubar de ti a mais solitária solidão e te disser: "Esta vida como tu agora a vives e a tens vivido, tu terás que a viver uma vez mais e inumeráveis vezes mais; e nenhuma novidade haverá nela, mas toda dor e toda alegria e todo pensamento e suspiro e tudo indescritivelmente pequeno ou grande na tua vida terão de retornar a ti, tudo na mesma sucessão e sequência—até mesmo esta aranha e este luar entre as árvores, e até este momento e eu mesmo. A eterna ampulheta da existência é virada de cabeça para baixo de novo e de novo, e tu com ela, grão de poeira!"[102]

Nos seus cadernos posteriores—os que foram publicados pela sua irmã depois do colapso dele, apesar das instruções dele para serem queimados—Nietzsche tentou várias provas científicas do eterno retorno. Por exemplo, se o número de partículas no mundo é finito e o tempo é infinito, eventualmente a disposição dessas partículas deve ser repetida e, de facto, repetida um número infinito de vezes.[103] É como dizer que um baralho de cartas, embaralhado o suficiente, inevitavelmente retornará à sua disposição original. Todavia, lendo o que Nietzsche realmente *publicou* acerca do retorno—nomeadamente a passagem acima e algumas passagens semelhantes em *Zaratustra*—ele nunca tenta uma prova séria. A questão é qual o *efeito* que o pensamento do retorno tem sobre você, e o que significaria para si *acreditar* que isto é verdade.

É claro que, mesmo se nós entendermos o retorno psicologicamente, é possível ser céptico. Se, na verdade, tudo se repete exactamente da mesma maneira, incluindo o facto de que eu não tenho conhecimento prévio do que vai acontecer,

---
102 GS 341
103 Veja, por exemplo, secção 1066 na selecção de passagens do caderno publicada por Elisabeth sob o título *The Will to Power*.

então o retorno da minha vida não precisa de ter efeito, seja qual for, sobre mim. Isto é, como o contínuo *déjà vu* não é uma característica da minha vida actual, também não seria uma característica das minhas vidas futuras. Eu simplesmente viveria a minha vida mais uma vez, tão inconsciente quanto a "primeira" vez e assim por diante, até à eternidade. E assim, o pensamento do retorno não precisa absolutamente de ter efeito sobre mim.

Nietzsche, no entanto, acha que há apenas duas possíveis reacções ao ser confrontado com o pensamento do retorno. Veja como ele continua a citação supracitada:

> Não te lançarias tu próprio para baixo e rangerias os teus dentes e amaldiçoarias o demónio que assim falasse? Ou já experimentaste tu um tremendo momento em que lhe tivesses respondido: "Tu és um deus e eu nunca ouvi algo mais divino." Se este pensamento se apossar de ti, isto mudar-te-ia conforme tu és ou talvez esmagar-te-ia. A questão em cada uma e em todas as coisas—"Desejas tu isto uma vez mais e inúmeras vezes mais?"—mentiria sobre as tuas acções como o maior peso. Ou quão bem-disposto terias tu de te tornar para ti mesmo e para a vida *a fim de nada mais almejar fervorosamente* do que esta derradeira confirmação e este eterno selo?

Se eu me arrependesse de algum acontecimento na minha vida, e depois me dissessem que eu teria de revivê-lo de novo e de novo e de novo, isto tornaria o pensamento daquele evento terrivelmente opressivo. Eu seria incapaz de dizer: "Bem, foi apenas aquela vez" e depois olhar para o futuro, porque, graças ao retorno, o meu futuro realmente inclui o meu passado também.[104] Ou se eu estivesse no meio

---

104 Por esta razão, Nietzsche frequentemente diz, em *Zaratustra* bem como nos seus cadernos, que a recorrência transforma o tempo num círculo.

de algo desagradável agora, eu não seria capaz de me consolar: "Isto também passará", e apenas agachar-me-ia até isto acabar, porque, graças ao retorno, isto voltará continuamente. Então uma das coisas que Nietzsche está a tentar realizar com esta ideia é impedir de você dizer que esta vida é um vale de lágrimas, apenas que está tudo bem, uma vez que este sofrimento será recompensado na vida após a morte. Nietzsche diz que você não pode sair disto tão facilmente. Em vez disso, você tem de pensar que *isto é isto*, a única vida que você terá, e se você julgar isto negativamente, estará a condenar-se por toda a eternidade.

Nietzsche, tendo sido educado como um bom Cristão, ainda pensa na eternidade como o mais alto selo de aprovação, porém o que ele está a tentar fazer agora é colocar esse valor de eternidade em todos os momentos. O que ele quer que você faça é amar a vida—esta vida aqui e agora, neste presente momento—tanto que você a afirmaria tendo-a repetido por toda a eternidade. Para ele, este é o derradeiro teste de valor— afirma você a sua vida como ela é? O que está você a fazer agora é digno de ser repetido em toda a eternidade? E para compreender o mais difícil: Afirma-se a *si mesmo* justamente do modo que você é?

Mas o pensamento do retorno é ainda mais pesado do que isso. Eu mencionei anteriormente a afirmação de Nietzsche que "todas as coisas (estão) atadas juntas com tanta firmeza…", que se você quiser afirmar um momento tem de afirmar todos. Isto torna a afirmação incrivelmente difícil. De facto, eu argumentaria que isto torna-se impossível ou pelo menos indecente, porquanto depois eu teria de dizer que qualquer momento de alegria para mim é afirmável somente se tivesse valido a pena ter acontecido o Holocausto.

A única maneira de pensar em afirmação é desenhar algum tipo de horizonte. A imagem que tenho em mente é a maneira como as ondulações se movem numa lagoa desde o ponto em que uma pedra mergulha nela. Se a lagoa for grande o suficiente, eventualmente as ondas se dissiparão em água parada. Da mesma forma, eu não posso imaginar a minha singular felicidade justificando o Holocausto, no entanto posso imaginar um momento de alegria para mim justificando muitos dos momentos em torno disto—por exemplo, a alegria de comer o jantar justifica ter que lavar os pratos depois. Na verdade, seria uma medida de grandeza de um momento quanto mais outros momentos isto pudesse justificar. Assim, conhecer e casar com a minha esposa justificou muitos momentos anteriores—todos os desgostos da minha vida romântica pré-matrimonial eram agora justificados porque foram necessários para eu não me apegar a ninguém e assim poder conhecer e casar com a minha esposa. Desta forma, eu posso aceitar a ideia de que afirmar um momento requer a afirmação de muitos outros momentos também, aqueles com os quais se está atado.

Então, a questão para mim, aqui e agora na paragem de autocarros Èze Gianton, esperando ao sol quente por aquele maldito autocarro, não é se eu quero cometer o mesmo equívoco repetidas vezes—é claro que eu não quero. A questão é que eu tenho de perceber que o erro está unido firmemente com tudo o que o acompanha. E embora a estrita aplicação da ideia de Nietzsche exija que isto seja atado com tudo desde o meu pequeno-almoço desta manhã até à travessia do Rubicão por parte de César, eu sustentarei isto apenas para o padrão "local"—poderá o retorno deste erro ter propiciado tudo o que aconteceu no resto do dia, o resto da nossa viagem do dia a Èze?

Para avaliar isso, eu tenho que lhe dizer como os Viajantes Profissionais reagem à nossa situação. E sabe de uma coisa? A minha família não cai sobre mim, Deus os abençoe. Nem sequer um pouco.

Há um pequeno quiosque do outro lado da rua, no que parece um parque de estacionamento para as pessoas que viajam diariamente para trabalhar em Nice ou no Mónaco, e nós avançamos e compramos sanduíches.

"Eles têm sanduíches de tomate-manjericão-mozarela! Yesssss!" Eli e Miriam, os quais decidiram contar quantas destas ubíquas sanduíches eles tiveram na viagem, espetaram os seus braços no ar triunfantemente, depois o "dá cinco"—este é o segundo em dois dias.

"Atum?" Pergunta Sam. *"Avez-vous tuna?"*

O resto de nós tem *pan bagnat*, que é o modo como uma sanduíche de atum é chamada em Nice. "Significa literalmente 'pão molhado'," explica Rosie. "*Pan* é como *pain*, a palavra francesa para pão—é o equivalente Niçardo—e *bagnat* é como *bain*, a palavra francesa para banho." *Pan bagnat* inclui, além do atum, tomate e alface como habitualmente se encontra numa sanduíche de atum nos Estados Unidos, coisas exóticas como azeitonas, ovos cozidos e—um tratamento especial para as minhas papilas gustativas—anchovas. É basicamente uma *salada niçoise* em forma de sanduíche e acredite em mim, funciona mesmo.

Enquanto comemos, Sam e Eli invocam a marca e o modelo dos carros desportivos que passam a caminho do Mónaco, enquanto Rosie, Miriam e Vicky olham para os jardins das mansões na encosta abaixo de nós. Mormente, nós olhamos para a grande extensão do Mediterrâneo, entrecruzado por barcos ocasionais (incluindo alguns iates bastante espectaculares), estendendo-se na sua fabulosa glória azul até ao distante horizonte.

"Bom sítio para um piquenique," diz Vicky.

Eu sempre serei grato pela minha família não ter ficado zangada comigo por causa da minha gafe, nem sequer reviraram os seus olhos para mim. Obrigado, Viajantes Profissionais.

Mas soluciona isto o meu problema do eterno retorno? Nietzsche requer não apenas que as coisas não sejam tão ruins quanto possível mas também que as nossas vidas sejam dignas de serem repetidas por toda a eternidade. A sua maneira de colocar o ponto é desafiar-nos a considerar cada momento neste modo. Assim, era este inesperado piquenique em Èze Gianton bom o suficiente para afirmar o eterno retorno? Ou seja, posso eu dizer que *escolheria* fazer asneira com os autocarros da mesma maneira, repetidamente, por toda a eternidade?

Por mais que eu tente, não acho que possa. Talvez seja porque o meu erro causou a coisa toda, sob condição de tão bom quanto o piquenique foi, tão emocionante quanto foi, que a minha família tirou partido disto; revivendo o evento seria reviver o meu erro também e o meu orgulho não pode aguentar isso. Além disso, nós estávamos apenas a fazer o melhor possível, não a fazer o que gostaríamos de ter feito especialmente.

Talvez eu possa dizer que conseguir as erradas rotas de autocarro foi necessário para que eu aprendesse como fazê-las correctamente, então, se a aprendizagem é a coisa crucial, eu realmente fiz a coisa certa e posso afirmar o seu retorno. Mas não, transformar o erro num momento de aprendizagem para que agora eu possa ser "o professor de como chegar a Èze"—assim como Zaratustra é o professor do super-homem e do eterno retorno—não está a funcionar para mim. Não é o suficiente para me fazer afirmar o retorno do meu erro. Teria sido definitivamente melhor ter apanhado o autocarro certo e ter ido directo para Èze le Village. Teríamos tido mais tempo nas suas ruas sinuosas, mais tempo para fazer compras e provavelmente um almoço melhor do que o que tivemos no quiosque.

Tudo bem, então vamos tentar de novo. Zaratustra ensina que "se tu tens um inimigo, não lhe retribuas com o bem. (...) Preferencialmente, prova que ele te fez algum bem."[105] Isto é, não basta aguentar o seu sofrimento, muito menos virar a outra face; preferencialmente, transforme o seu sofrimento em algo positivo para si mesmo.

---

105 A tradução padrão, por Hollingdale, processa o título como *Daybreak;* eu estou a usar *The Dawn* aqui porque é o que Kaufmann usa na citação seguinte da sua tradução de EH.

Nietzsche aplica este princípio a si mesmo de maneiras dramáticas. Por exemplo, em *Ecce Homo*, ele descreve como escreveu outro livro, *The Dawn*:[106]

> No inverno seguinte, o meu primeiro em Génova, aquela mitigação e espiritualização que está quase inseparavelmente ligada a uma extrema pobreza de sangue e músculos, eu produzi *Aurora*. O brilho e a alegria perfeitos, até mesmo a exuberância do espírito, reflectidos neste trabalho são compatíveis, no meu caso, não apenas com a fraqueza fisiológica mais profunda mas também com um excesso de dor. No meio dos tormentos que acompanham uma ininterrupta enxaqueca de três dias, acompanhada por um penoso vómito de flegma, eu possui a clareza dialéctica *par excellence* e reflecti, com sangue muito frio, assuntos para os quais sob circunstâncias mais saudáveis eu não sou suficientemente alpinista, nem subtil, nem *frio*.[107]

Ora, você poderia esperar que ele dissesse que é um bom livro *apesar da* enxaqueca, mas o que ele realmente diz é que é um bom livro *por causa da* enxaqueca: uma vez que ele não conseguia concentrar-se por muito tempo, era-lhe necessário escrever muito concisamente e directamente. A necessidade de ser breve, afirma ele, melhorou o seu estilo. Isto é, ele *precisava* da enxaqueca para escrever tão bem quanto ele escreveu.

Eu gostaria de poder dizer que *precisávamos* de apanhar o autocarro errado para ter uma boa experiência em Èze, mas, bem, eu realmente não posso. Este foi um "apesar de", não um "por causa de".

Excepto que aqui estou eu *escrevendo* sobre isto, esperando que este relato do nosso piquenique improvisado em Èze Gianton faça deste um livro melhor, bom o suficiente para ser

---
106 Z I.19
107 EH sábio.1

publicado, bom o suficiente para as pessoas o lerem, bom o suficiente para as pessoas o desfrutarem, bom o suficiente para fazer as pessoas experimentarem Nietzsche, experimentarem a filosofia, dedicarem-se à sua doce investigação intelectual e assim enriquecerem as suas vidas. Se tivéssemos apanhado o autocarro certo nós teríamos tido um bom tempo em Èze, talvez um tempo melhor do que nós realmente tivemos, porém eu não teria tanto para escrever, não teria tido uma abertura tão boa para discutir o eterno retorno. Então, apanhar o autocarro errado *era* de facto *necessário* para algo de bom acontecer—a escrita deste capítulo no livro.

E este, penso eu, é em última análise o ponto do eterno retorno: não se trata simplesmente de avaliar os momentos da vida de alguém. Se fosse, alguns momentos inevitavelmente não contariam, já que somos seres tão falíveis. Não, eu acho que o eterno retorno é sobre o ímpeto de *justificar* os momentos da pessoa. Se algo mau acontece, *torne* isso em algo bom. Neste caso, eu estou a transformar a minha gafe num veículo para ensinar sobre um dos aspectos mais interessantes da filosofia de Nietzsche. O desafio do retorno não é provar que nos divertimos apesar do erro, mas provar que o erro trouxe-nos algum bem.

Assim, embora nós possamos separar o nosso momento de tristeza do nosso momento de alegria, a coisa que precisamos de fazer, a essência do ensinamento de Nietzsche acerca do eterno retorno, não é apenas distingui-los um do outro mas esforçar-se activamente para transformar o primeiro no último. Desta forma, nós mudamos o passado e assim, em certo sentido, cumprimos a concepção circular do tempo que o retorno implica. E então, enquanto eu ainda me esperneio acerca do meu erro do autocarro, e embora a reacção calma e de apoio dos Viajantes Profissionais tenha sido estimulante e eternamente afirmativa, é realmente o tempo e o esforço gastos para encontrar o efeito positivo do evento que importa no final.

Eu tentarei segurar e tentarei sempre afirmar eternamente este particular momento: a estranha, imprevisível e inesperada alegria de me sentar com a minha esposa e filhos numa paragem plexiglas de autocarro numa encosta remota num belo dia de verão numa pequena cidade perto de Nice, mastigando algumas inesperadamente excelentes *pan bagnat*, avistando alguns ostentosos Porsches e Ferraris, olhando para os verdejantes jardins privados das mansões da Riviera, e olhando embasbacadamente para o indescritivelmente brilhante, sublimemente profundo, infinitamente indulgente azul do mar.

A Longa Caminhada Nietzschiana

O 83 FINALMENTE chega. Está lotado, é claro—afinal, em toda a cidade as pessoas têm estado à espera uma hora e quarenta e cinco minutos por este autocarro. A minha família tem de ficar de pé no corredor, e o meu lugar é no poço, perto do fino plexiglas das portas, com uma vista de muito perto do pavimento enquanto passa zunindo. Nós balançamos pacientemente através das curvas de 180 graus para o cimo da montanha, e finalmente chegamos a Èze le Village. Depois de um lanche e de uma curta paragem num mercado ao ar livre, onde eu adquiro um chá de lavanda que vou saborear por semanas depois de regressarmos a casa, nós andamos pelo caminho até à cidade murada.

A existência de Èze foi oficialmente registada pela primeira vez na época Romana, porém acredita-se que tenha sido originalmente colonizada pelos Fenícios por volta de 2000 a.C. De facto, o templo que eles construíram para Ísis pode ter dado o nome ao local. Alguns podem estar a questionar por que construíram os Fenícios um templo para uma deusa Egípcia e tudo o que eu posso dizer (além de lembrar da possibilidade de que a história ficou ilegível ao longo dos séculos) é que as culturas pagãs muitas vezes tomavam emprestado umas das outras. É só quando o monoteísmo aparece que nós vemos o fenómeno de uma religião tentando espremer todas as religiões concorrentes. Esta celebração "vive e deixa viver" da diversidade multicultural é parte da razão pela qual Nietzsche celebrava o paganismo. Ele também acreditava que a multiplicidade de deuses permitia que as pessoas fossem indivíduos únicos:

> *A grande vantagem do politeísmo.* - Para um indivíduo postular o seu próprio ideal e derivar deste a sua própria lei, alegrias e direitos—o que bem pode ter sido considerado até agora como a mais absurda aberração humana. Os poucos que tanto ousaram sempre sentiram a necessidade de se desculpar, geralmente dizendo: 'Não fui eu! Não eu! Mas *um deus* através de mim. A maravilhosa arte e dom de criar deuses—o politeísmo— era o meio através do qual esse impulso podia descarregar, purificar, aperfeiçoar e enobrecer a si mesmo.
>
> O monoteísmo, por outro lado, essa rígida consequência da doutrina de um tipo humano normal—a fé num deus normal ao lado do qual só existem pseudo-deuses—talvez tenha sido o maior perigo que tem ainda confrontado a humanidade. Ameaçou-nos com a prematura estagnação que, até onde podemos ver, a maioria das outras espécies há muito tempo alcançou...[108]

Nos seus trabalhos posteriores ele chama a crença num único deus, em cuja imagem *todos* nós fomos criados, "monotonoteísmo".[109] É uma cunhagem maravilhosa e há certamente uma tendência nas religiões monoteístas de pensar que o tipo humano ideal foi definido, desvio do qual não é apenas imoral mas também blasfemo. Eu não acho que é assim que tem de ser—eu acho que o monoteísmo é compatível com a tolerância e uma apreciação de diversidade—no entanto a advertência contra conformismo e repressão de diferença é bem tomada.

---

108   GS 143
109   T III.1 e A 19

Nietzsche chamou Èze de "maravilhoso ninho de águia Mouresca".[110] A parte dos Mouros é um pouco estranha: Os Mouros, de facto, ocuparam o lugar a partir do final do século IX e durante a maior parte do século X, mas não o construíram e nada aqui permanece do tempo deles. Todos os edifícios actuais são medievais, ou seja, desde pelo menos dois a quatro séculos depois.

De qualquer modo, Nietzsche definitivamente combinou bem a parte do ninho da águia. Este é o ponto em que os Alpes Franceses se estendem para o sul o suficiente para chegar ao mar,[111] e pelo menos desde os tempos Romanos este local tem sido um miradouro inestimável. Deste alto promontório na borda das montanhas, suspenso bem alto acima da costa, seria possível ver-se uma marinha inimiga enquanto esta ainda estivesse longe no mar, tão longe que haveria tempo para descer a colina e alertar os defensores da costa. E as encostas íngremes que cercam o topo da montanha são tão precipitadas que o local é facilmente defensável (embora as defesas naturais não fossem suficientes para impedir que o local fosse conquistado e reconquistado várias vezes ao longo dos séculos, a última vez pelos nossos amigos Sabóias no início de 1700).

Nós entramos na parte mais antiga da cidade, a cidade medieval murada, através de uma poterna do século XIV e seguimos pela Avenue de Jardin Exotique que serpenteia ao redor da colina, subindo gradualmente. A *Vieux* Nice parecia uma estrutura orgânica e interconectada, mas este local parece ainda mais. Além das ruas não serem lineares e os edifícios serem todos construídos juntos e recostados uns nos outros, nós temos o elemento adicional de verticalidade. Algumas ruelas sobem da rua principal, outras descem. Algumas circulam e se reconectam com outras ruas, outras levam apenas a inopinadas

---

110 EH books.Z.4, traduzido por Krell e Bates 222 ("marvelous Moorish eagle's nest"); Kaufman tem "marvelous Moorish eyrie".
111 É uma agradável coincidência—embora parte do ensinamento do eterno retorno é que não existe tal coisa como coincidência—que a frase "where the mountains meet the sea" é o slogan do Acadia National Park retornando ao lar no Maine.

vias sem saída. Aqui e ali encontramos barris de pedra recheados com begónias de vermelho brilhante, enquanto raminhos de buganvílias rosa propagam-se pelos topos das paredes. De vez em quando entre os prédios, há vislumbres das colinas circundantes ou, se você estiver voltado para a direcção certa, do brilhante mar azul.

Tenho a sensação de que poderia aqui explorar para sempre. Vicky, por outro lado, sente que poderia aqui comprar para sempre. Assim como as ruas se abrem para pequenas *places* inesperadas e pontos de observação, as entradas das lojas revelam pequenos redutos de jóias e roupas bonitas. Várias contêm galerias de artistas.

Passamos a Chapelle des Pénitents Blanc, base de uma ordem monástica do século XIV cujo dever principal era cuidar de vítimas da Peste Negra (que é talvez o motivo de eles se denominarem os *brancos* penitentes). Esta igreja foi o sítio de votação em que os residentes de Èze escolheram em 1860, por unanimidade, juntar-se a Nice para aceitar o domínio Francês. Um pouco mais tarde chegamos à igreja do século XVIII, Notre-Dame de l'Assomption, cuja torre do relógio é a estrutura mais alta de Èze le Village.

A avenida termina num torniquete e nós pagamos uma taxa para entrar no *jardin exotique*. O que torna este jardim exótico são as plantas do deserto. Estas não são nativas da Riviera, no entanto nesta exposta colina o sol é quente o suficiente e a chuva escoa com bastante rapidez para permitir o crescimento das plantas do deserto. Intercalados entre os cactos estão os painéis de metal detalhando a história de Èze e algumas das pessoas famosas que visitaram e / ou viveram aqui; estou satisfeito em ver que a visita de Nietzsche é mencionada em três dos painéis.

Há também uma série de sete estátuas de figuras femininas em homenagem à deusa Ísis, cada uma com um painel de metal inscrito com o título da estátua e um pequeno poema explicativo em Francês e Inglês. Um deles, intitulado "Justine as Isis", tem isto por seu poema:

> *Vous m'avez reconnue...*
> Vós haveis-me reconhecido...
> *Je suis la meme*
> Eu sou a mesma
> *Et pourtant autre*
> E ainda outra

O significado parece ser o de que a mulher representada na escultura se assemelha à deusa Ísis e é talvez a sua incarnação moderna, de modo que nós reconhecemos a deusa em Justine. Ela é a mesma que a deusa e ainda diferente, já que ela é Justine e não Isis. Esta é uma boa ilustração da abordagem de Nietzsche ao paganismo, que permite que se seja um indivíduo. Embora este painel não lhe faça menção, de algum modo é uma homenagem ainda melhor do que fazem os painéis—evidência de alguém seguindo (provavelmente inconscientemente) nos passos dele.

Finalmente nós chegamos ao topo, as ruínas do castelo do século XII. Se a vista que tivemos de Gianton durante o nosso piquenique não intencional foi espectacular, a vista do topo da colina é além de espectacular. Lá em baixo, a largura da visão era limitada por colinas de ambos os lados; aqui tem-se um total de 360 graus. Quase metade da vista é dos telhados de *le village*, da verde encosta abaixo, pontilhada de vivendas, e depois o índigo mar que se estende até ao infinito horizonte. Atrás de nós, vemos o resto de *le village* e as colinas circundantes, incluindo a Grande Corniche, a estrada de Nice para Mónaco, construída na encosta e suportada por arcos escondidos e outros truques arquitectónicos. O declive da colina que subimos é tão íngreme que, onde nós agora estamos, os nossos pés estão acima da torre do relógio da Igreja da Assunção, que momentos atrás se elevava acima de nós. Vemos como o azul profundo da face do relógio corresponde ao azul profundo do mar. É uma visão surpreendente, bem vale a viagem e a subida, vale a pena a afirmação eterna.

O que fazem os humanos do século XXI em momentos de afirmação? Tiram uma foto, claro. Procuramos por alguém para afirmar por toda a eternidade a presença dos seis Cohens no topo de Èze. Um sujeito vê-nos a olhar para as pessoas desta forma esperançosa, indagadora e sem palavras—é realmente uma inconfundível linguagem corporal universal, não é?—e diz: "Vocês gostariam que eu tirasse a vossa foto?"

"Hum, claro," diz Sam, enquanto entrega a câmara dele. Ele morde o lábio um pouco ao fazê-lo. A câmera dele é novinha em folha, um modelo de mil dólares no qual ele investiu vários aniversários e Hanukkahs, em preparação para um período no Maine Media Workshop em que ele participará mais tarde no verão.

"Vocês escolheram a pessoa certa," diz outro homem, "ele é um profissional—nós estamos aqui para um retrato de família." Com certeza, depois de tirar a nossa foto e devolver a câmara de Sam, o fotógrafo tira a sua própria câmara e esta é um modelo gigantesco e turbinado que Sam nos diz mais tarde que deve ter custado cinco mil dólares ou mais. Enquanto o fotógrafo se vira para tirar a foto da outra família, a inveja da câmara por parte de Sam é difícil de esconder. "Boa câmara, Sam," diz Rosie.

E de seguida descemos novamente, em busca de um lanche. Encontramos uma *crêperie* e ocupamos três das minúsculas mesas ao ar livre comprimidas ao longo dos flancos da rua. Posteriormente, fortificados com crepes na barriga, nós estamos prontos para o *Sentier* Friedrich Nietzsche.

A descida começa no limite de *le village,* justamente do lado de fora da poterna da cidade medieval. Depois de apenas alguns passos ao longo do caminho, nós damos uma espreitadela no quintal de uma casa na beira da cidade murada.

O relvado é perfeitamente um pedaço verde de veludo. Um colossal conjunto de xadrez está assente num tabuleiro de pedra num flanco. Parece que as peças têm um metro de altura.

Logo *le village* é deixada para trás. Mais algumas casas podem ser acedidas a partir do caminho (e possivelmente também de estradas ou outros caminhos fora de vista), mas prontamente estamos por conta própria. Parte do caminho é larga e lisa com degraus para facilitar; uma parte é estreita com cascalho solto e pedras. Tudo isto, no entanto, é irresistivelmente pitoresco. Percorremos um caminho entre as colinas, sempre com o fabuloso mar diante de nós, azul e chamativo—isto é uma grande vantagem de fazer a caminhada descendente em vez da ascendente.

Sim, estamos a descer, não a subir como Nietzsche fez neste trajecto, porque nós estávamos preocupados que a caminhada ao calor estragasse o nosso prazer na murada vila. Mas agora, enquanto nós passeamos alegremente *para baixo* pelo caminho, eu pergunto-me se talvez não fomos demasiado cautelosos. Estamos tecnicamente nos passos de Nietzsche, suponho eu, já que ele provavelmente também subiu para retornar à estação de comboios, em vez de andar na carruagem. Mas não estamos a fazer a metade da caminhada que mais importa para a história, a metade para cima. E a razão pela qual não estamos a fazer isso é que nós jogámos pelo seguro e isto parece infiel ao aspecto "viver perigosamente" da filosofia de Nietzsche que discutimos anteriormente. Parece uma traição, um sinal de moleza semelhante à do carvão na precisa localização geográfica onde Nietzsche instou a dureza diamantina. E assim, num sentido mais profundo, nós não estamos realmente a seguir os passos de Nietzsche, apesar de estarmos no mesmo caminho.

Este é um daqueles momentos—se me é permitido divagar um pouco—que eu descobri ser endémico à filosofia, quando todo o seu argumento parece desabar como um castelo de palitos. Eu não posso contar o número de vezes que isto tem acontecido comigo—escrevendo artigos universitários de graduação, escrevendo a minha tese de licenciatura, escrevendo artigos universitários de pós-graduação, escrevendo a minha dissertação de doutoramento, escrevendo artigos académicos, escrevendo o meu primeiro livro e agora escrevendo este livro—mas parece sempre acontecer que em algum momento eu penso novamente sobre o que estou a dizer e parece ser sem sentido, trivial ou simplesmente errado. Aposto que isto tem acontecido com a maioria dos filósofos em actividade, talvez todos, e talvez isto aconteça com todos eles o tempo todo. Há algo acerca da filosofia que é precário e arriscado—você está a andar numa fina corda bamba sem rede em direcção a um desfecho que você não pode ver. Há um sentido em que filosofar, embora seja a paradigmática busca de poltrona, é na verdade uma espécie de viver perigosamente.

Sentiu Nietzsche estes momentos de insegurança? Aposto que ele sentiu. Todos os seus escritos publicados têm um ar de triunfo, mas isso é porque eles são publicados—eles são os sucessos. A existência de todos os seus cadernos não publicados, incluindo anotações não utilizadas de todos os períodos, esboços incompletos, projetos inacabados, mostra que ele está a debater-se bastante. Não se deixe enganar pelo brilho da escrita acabada—a experiência do argumento de alguém caindo sobre palitos é, eu diria, universal.

No meu caso, neste momento eu tenho perdido o caminho por onde tenho andado. Eu estava a dizer que nós estávamos a seguir os passos de Nietzsche, porque estávamos a caminhar pelo mesmo percurso que ele andava. Mas eu fracassei contra o facto inegável de que estamos a caminhar numa direcção diferente da que ele fez, numa diferente época do ano e com um propósito diferente. E, claro, ele andou sozinho enquanto nós estamos a viajar como uma família.

No entanto eu gostaria de argumentar (tendo tomado um momento para pensar e reunir os meus palitos) que percorrer o *chemin* de Friedrich Nietzsche à nossa própria maneira, levando em conta as nossas próprias circunstâncias particulares, é *precisamente* caminhar nos passos dele, visto que ele andou no *seu* próprio caminho, levando em conta as *suas* circunstâncias particulares. Ele caminhou aquele percurso no inverno, sem filhos e numa idade diferente da de todos nós (mais velho do que as crianças, mais jovem do que Vicky e eu), e num estado mental em que ele via a sua cultura abrandando e queria resistir a esse declínio procurando deliberadamente desafios. Na situação dele, a escalada era apropriada. A nossa situação, chegando a Èze no verão com crianças, numa época diferente e com uma agenda diferente, é distinta da dele e por isso é adequado responder de modo diferente. Reflectindo, eu acho apropriado para nós jogar pelo seguro, dado a nossa fraqueza de idade e de resistência ao calor e o nosso desejo de não estragar o nosso dia, um dos nossos poucos dias preciosos nesta viagem especial, por demasiado esforço.

 Assim eu chego à noção de que, no sentido mais profundo, a nossa caminhada descendente em vez da ascendente coloca-nos realmente nos passos de Nietzsche, metaforicamente falando. Ele estava a fazer a sua própria acção, não seguindo a multidão, e nós estamos a fazer a nossa própria acção, não seguindo a multidão (que neste caso é Nietzsche). E eu acho que essa é a sua mensagem final, o ponto da passagem que ele escreveu enquanto estava naquela encosta. A dureza não é apenas física, não apenas uma questão de subir ao invés de descer; também é mental, uma questão de fazer a acção individual, a coisa apropriada apenas para você, em vez de seguir outra pessoa. Nesse sentido, nós *pudemos* pensar por nós próprios. E é o pensamento por si próprio que importa, não o conteúdo específico do que se faz.

 Talvez este seja o contraponto ao que foi dito anteriormente acerca de comungar com Nietzsche, visitando os lugares em que ele viveu e percorrendo os caminhos por ele percorridos.

Tal seguimento ameaça desqualificar o nosso individualismo. E assim, nós reafirmamos o nosso individualismo visitando os lugares favoritos de Nietzsche à nossa maneira—fazendo a mesma coisa, mas de modo diferente. E esperançosamente fazemos isto num modo que ainda é um desafio em certo sentido, ainda algo que fomentará o nosso crescimento idiossincrático (embora, enquanto caminhamos por este caminho não especialmente difícil, eu deva admitir que estou um pouco incerto sobre isso).

Estritamente falando, é claro, você *não pode* imitar o exemplo de outro, por mais que tente. Poderíamos ter apanhado o comboio, ter subido, até mesmo ter escrito algo nos nossos cadernos enquanto subíamos e contudo não estar a imitar Nietzsche por causa das nossas diferentes idades, as diferentes épocas do ano e por aí afora. Há sempre diferenças entre quaisquer experiências de duas pessoas, mesmo entre duas experiências quaisquer a mesma pessoa pode estar a tentar recriar a sua própria experiência anterior (por exemplo, se Nietzsche tivesse percorrido o caminho uma segunda vez, por exemplo, o que, por tudo o que eu sei, ele pode realmente ter feito). Isto não impede que as pessoas tentem, é claro, e o esfolamento de conformistas como "animais de rebanho" por parte de Nietzsche é, considerando algo deste ponto de vista, ainda mais merecido. Você literalmente *não pode* imitar o exemplo de outra pessoa, então a tentativa de fazê-lo não é apenas cobarde, decorrente do medo de se destacar e ser a sua própria pessoa, mas irracional, visto que é impossível.

Este é o verdadeiro paradoxo do individualismo: a única maneira de ser um indivíduo único é ser diferente de qualquer outra pessoa, como qualquer indivíduo singular seria. É como aquela estátua no Jardin Exotique, "Justine como Isis: eu sou a mesma e ainda diferente." Mas o próprio Nietzsche coloca isto melhor (é claro!) num trecho muito curto intitulado "Imitadores", apresentando um diálogo simulado entre A e B:

A: O quê? Tu não queres imitadores?
B: Eu não quero que as pessoas imitem o meu exemplo; eu desejo que todos deveriam formar o seu próprio exemplo, como *eu* faço.
A: Assim?[112]

Uma vez que aceitamos o paradoxo como inevitável, fica claro que é o modo de criar que é crucial, não o conteúdo da acção. Então, se o conteúdo da acção igualar alguém (ou não)—bem, isso não é a coisa crucial. O crucial é pensar por si mesmo.

Um último pensamento acerca desta questão de descer ao invés de subir: No início de *Assim Falava Zaratustra*, o personagem do título desce da sua montanha para levar a mensagem dele a todos. Em paralelo, nós descemos o *chemin* de Friedrich Nietzsche, não subimos, e eu estou a trazer a mensagem de Nietzsche. Eu poderia estar a gastar o meu tempo escrevendo os meus próprios aforismos, permanecendo no topo da montanha intelectual. Em vez disso eu escolhi descer daquela montanha e dedicar-me, neste livro, a compartilhar parte da filosofia de Nietzsche com não-especialistas.

Robert Pirsig, em *Zen and The Art of Motorcycle Maintenance*—o livro que, no verão entre o primeiro e o segundo ano universitário, transformou-me num filósofo majorado - compara a filosofia a um pico de montanha. Embora estéril em si, no sentido de que isto nunca responde com sucesso às suas próprias perguntas (e é por isso que ainda estamos, milhares de anos depois de Sócrates, a questionar o que é a verdade ou qual é a melhor vida), a filosofia define a forma do resto da montanha, i.e. a cultura circundante. Desta forma, a filosofia gira fora das ciências especializadas—física, economia, psicologia, *et al*, que foram todas feitas originalmente pelos filósofos—e contribui com ideias para o resto da cultura

---
[112] GS 255

enquanto permanece estéril em si.

Sempre me pareceu, seguindo esta metáfora, que diferentes pessoas estão confortáveis em diferentes partes da montanha. Algumas, i.e. os filósofos mais abstractos, como a parte mais alta, acima da linha das árvores, onde a vista é maior mas nada cresce lá. Outros filósofos gostam de se mover um pouco para baixo—ainda com uma visão, porém retornando à terra, olhando para fora e para baixo. Outras pessoas, noutros campos da investigação, da ciência, da criatividade, etc., como os lados da montanha ou os seus sopés, ou até mesmo os vales definidos pela montanha e regados pelo seu escorrimento, onde a fertilidade é maior.

Eu gosto de ir para baixo. A escalada magoa os meus joelhos. Mas eu gosto de estar no alto com grandes visões. Eu não sou um inovador filosófico, porém ofereço aqui a filosofia de Nietzsche para si como uma trilha que você pode querer percorrer algum dia por si mesmo também, na sua própria maneira adequada às circunstâncias da sua própria vida, é claro. Assim, seguindo os passos de Nietzsche, eu faço o meu *próprio* sentido de vida, bem diferente do dele. E deste modo, eu sigo o exemplo dele.

ENTÃO AGORA, de volta ao caminho. Toda esta recriação do paradoxo do individualismo levou-nos para baixo até metade da colina. Tempo para uma bebida e um descanso e um minuto para comungar com Nietzsche. Encontramos grandes rochas ou espaços livres no chão onde sentar e todos tiram uma garrafa de água e um lanche. Eu saco a passagem de *Ecce Homo,* citada em *The Good European,* acerca da subida de Nietzsche para Èze e leio-a para as crianças:

No inverno seguinte [i.e.1883-4], sob os céus

alciónicos de Nice, os quais brilhavam sobre mim pela primeira vez na minha vida, eu encontrei a terceira parte de *Zaratustra*—e o livro estava terminado. Somente um ano para a composição do todo. Muitos lugares recônditos e muitas altitudes na paisagem de Nice tornaram-se sacrossantos para mim por causa dos momentos inesquecíveis lá. Essa decisiva parte do terceiro livro, "Das Velhas e Novas Tábuas", foi composta na difícil e íngreme subida da estação ferroviária de Èze até ao maravilhoso ninho de águia Mouresca no cimo. O meu tónus muscular sempre era maior quando as minhas energias criativas fluíam mais abundantemente. *O corpo é espirituoso*— deixemos a 'alma' fora de jogo... Muitas vezes podiam ter-me visto a dançar: nessa época eu podia vaguear pelas montanhas durante sete ou oito horas de uma só vez sem me cansar. Eu dormia bem, ria muito—estava tão em forma quanto poderia estar, e eu era paciente.[113]

As crianças ouvem atentamente e têm perguntas semelhantes às que eu abordei anteriormente.

"O que há em 'Das Velhas e Novas Tábuas'?" Pergunta Sam.

Bem, há muito nisso, respondo eu - é a secção mais longa do livro inteiro e aborda muitos dos temas da filosofia de Nietzsche—mas é a última parte que é mais relevante. E então eu li o "Por que tão duros? Por que tão moles?" Passagem que citei acima.

"É como deixar outra pessoa fazer algo por ti em vez de fazeres tu mesmo," diz Eli.

"Ou ler um resumo dum livro em vez do livro em si," diz Rosie. "Por que chama ele de 'Mouresca'?" Acrescenta ela. Eu não tenho uma boa explicação para isso. Nietzsche pode ter

---

113 EH books.Z.4, traduzido por Krell & Bates 222

atendido ao quão exótico o lugar era para ele.

"Como é que ele afirma ser saudável?" Pergunta Vicky. "Tu não disseste que ele estava com uma pensão de invalidez?"

"Ele era muito doente," digo eu, "mas quando ele estava saudável, ele era um formidável caminhante," e eu prometo mais uma prova disto quando chegarmos aos Alpes.

Depois da pausa, nós retomamos. O caminho abandona a sinuosidade e dirige-se para o oeste em direcção a *la gare*. Na parte inferior o caminho é pavimentado e passa por uma pequena secção residencial. A descida leva-nos cerca de uma hora. Subindo teria demorado provavelmente uma hora e meia ou mais e o calor do meio-dia bem poderia ter minado o nosso ânimo de desfrutar Èze. No fim nós sentimos que planeámos bem. Se eu fizesse isto de novo—e espero que sim!—sairia cedo para poder andar no frescor da manhã, depois passaria muito mais tempo no cimo antes de descer novamente ao anoitecer.

Nós apanhamos o autocarro de volta para a cidade e encontramos uma ceia de exóticas especialidades Niçoise: crepes de farinha de grão-de-bico chamados *Socca,* pão pita com cebola caramelizada chamado *pissaladière*, e uma pastelaria de massa lêveda bem frita chamada *beignets*. Fazem um final adequado para a nossa fabulosa viagem de um dia para Èze. Nós perdemos tempo por causa do meu erro do autocarro, porém ainda conseguimos visitar uma bonita velha cidade no topo da colina, com vistas para o mar de fazer cair o queixo, e ainda dar um literal passeio nos passos de Nietzsche. Eu ficaria feliz em fazer tudo isto outra vez, tanto em breve como eternamente.

Nice *Moderne:*
Nietzsche & o Artista

DEPOIS DO LONGO dia de ontem e de bastante Nietzsche, o dia de hoje será mais calmo e mais focado na família. Claro, você nunca sabe quando pode ele surgir inesperadamente.

A nossa conversa ao pequeno-almoço diz respeito aos nossos planos para o dia. Assim como a peregrinação a Èze era o meu principal objectivo em Nice, o de Vicky e Rosie é a ida para as tendas de artesanato que ocupam o Cours Saleya nas noites de quinta-feira. Então essa parte do dia é definida primeiramente. E para a manhã? Sam, o nosso aficionado por fotografia, quer ver o *Théâtre de la photographie et l'image*. Eu estou ansioso por um museu de arte, e Eli e Miriam gostam da ideia de um parque. Então eu abro os vários mapas que recolhemos e vejo o que pode ser realizado. Acho que a galeria de Sam fica a poucos quarteirões a norte de nós e que, se continuarmos andando nessa mesma direcção, chegaremos eventualmente ao Musée Chagall. Depois, há um autocarro que vai ainda mais longe na mesma direcção e eventualmente passa pelo Parc des Arènes de Cimiez.

Andar para o norte significa que estamos orientados para longe da cidade velha e dirigindo-nos para a Nice *moderne*, o que nesta parte do mundo significa século XIX. O edifício que comporta o *Théâtre de la photographie et l'image* na bulevar Dubouchage era originalmente uma vivenda da

Belle Epoque—provavelmente nova em folha nos dias de Nietzsche—convertida em teatro em 1911 e agora usada para projectar filmes de arte e alojar uma pequena galeria fotográfica.

Na galeria há uma cópia, do tamanho de uma parede, de vários modelos de moda que avançam em direcção à câmara. À direita está a mesma foto exacta dos modelos, exatamente nas mesmas posições, mas nus.

"Desculpem-me," sussurra Sam, "eu não sabia que essa foto estaria aqui." Ele está a pensar em Eli de 12 anos e Miriam de dez anos de idade, no entanto todos nós lidamos bem com isto e seguimos em frente (por assim dizer). É apenas o corpo humano, dizemos-lhe—não há motivo para ficar embaraçado. A abertura funciona melhor nestes tipos de situações. Se alguém reage com embaraço, isso é transmitido. Entretanto, as fotos apresentam uma justaposição interessante em que se percebe que sob as roupas da moda estão animais humanos de verdade e que se lhes tem estado a prestar atenção sem realmente os ver. Este par de fotos, de facto, parece precisamente situado dentro de um dos autoproclamados projectos de Nietzsche, mencionado anteriormente, para "trazer o homem de volta à natureza". A recognição suscitada pelas fotos, poderia ele dizer, é a que todos nós deveríamos ter. A câmara é capaz de ver as mulheres como elas são, sem expectativa da sociedade. Esta postura de visão aberta e sem preconceitos é a que faríamos bem em adoptar.

Nós saímos do prédio—Sam ainda tímido—e caminhamos mais para o norte através de uma área mais comercial e fortuitamente escalamos uma escadaria de pedra duma rua lateral até à Boulevard de Cimiez. Dois dias atrás, descendo uma escadaria ao entrar na *vielle ville*, nós demos um passo para trás no tempo. Agora, subindo uma escadaria, damos um passo para a frente, do século XIX para o século XX. As imediações são verdes e elegantes—Cimiez é um dos bairros com mais classe em Nice. Terminamos a nossa caminhada no

Musée Chagall.

O pintor Marc Chagall era Judeu, nascido na Rússia, mas passou a maior parte da sua vida na França e os seus anos mais criativos na Provença, então Nice é o lugar mais apropriado para um museu dedicado à obra dele.

A maioria das pinturas de Chagall revoca o seu território natal de *shtetls*[114] e pobres agricultores, porém as pinturas também apresentam burros voadores, vacas e outros animais de quinta; ruas e celeiros quimericamente construídos; e pessoas flutuantes, muitas vezes casais, envoltas em cordões de videiras e flores. As pinturas são muitas vezes difíceis de decifrar, no entanto mesmo que tudo o que se compreende seja uma porção aqui e uma porção ali, o que é retratado é encantador e as cores estão entre as mais brilhantes que um artista já usou. Rosie, que tem um grau moderado de sinestesia, é particularmente fascinada pelas cores. Ela parece atraída por elas, algo parecido com o personagem que tem "color gravity" em *A Winter's Tale* de Mark Helprin. Ela andará perto delas e simplesmente as fitará. Eli e Miriam têm alguns problemas para apreciar o que está a acontecer, mas Vicky fala-lhes sobre o que eles vêem— aqui é uma cena reconhecível, ali estão alguns animais da quinta com aparência amigável. Aqui e ali há pinturas com referências Bíblicas e concentramo-nos nelas como solo familiar.

Muitos artistas, especialmente os expressionistas Alemães, têm sido inspirados pelo trabalho de Nietzsche, embora ele mesmo tivesse relativamente pouco a dizer acerca de pintura. A sua pobre faculdade de visão é certamente a maior parte do relato. Numa carta para a sua mãe, a partir de Nice, ele descreve o tapete nos seus novos alojamentos como simplesmente "de uma cor escura".[115] Para ter a certeza, noutra carta ele escreve: "Não pode haver estação do ano mais bonita em Nice do que a actual: o céu ofuscantemente branco, o mar azul tropical, e

---

114   N.T. povoações predominantemente judaicas
115   Carta de 10 de Dezembro de 1885, em Krell & Bates 192

à noite um luar que faz as lanternas a gás sentirem vergonha, pois elas ficam ruborizadas."[116] Então ele poderia muito bem ter amado as cores brilhantes de Chagall. Mas também suspeito que ele teria achado indulgente o simbolismo auto-referencial do artista.

Com que direito faço eu tal afirmação? Não posso apontar para uma passagem em que Nietzsche diga que encontra simbolismo auto-referencial em pinturas auto-indulgentes. Existem alguns excertos onde ele critica a auto-indulgência em artistas—a maioria deles dirigidos para Wagner. Mas acho que derradeiramente estou a confiar ainda mais em algo a que chamo de minha "voz Nietzschiana interior".

Notei em mim próprio o crescimento de tal voz durante o meu último ano na universidade. No outono eu fiz um curso inteiramente dedicado a Nietzsche e depois na primavera eu escrevi a minha tese de licenciatura sobre ele. Então num período de cerca de quatro meses eu li a maior parte do que ele tinha escrito e que estava disponível naquela época em Inglês através das traduções Kaufmann. Pareceu-me então que eu podia dizer o que Nietzsche diria sobre algo, não por encontrar uma passagem específica que se referisse a este algo mas apenas por entrar naquela parte de mim que absorvera o ponto de vista dele. Parecia que havia um centro de Nietzsche instalado numa parte do meu cérebro e eu podia consultá-lo de dentro.

Que palavras me diz esta voz? Eu imagino que muitas pessoas acham isto desagradável e derrisório—que é uma imagem popular de Nietzsche, o homem que declarou a morte de Deus e escreveu um livro intitulado *O Anticristo*, etc. No início do meu último ano da universidade, quando eu comecei mesmo a conhecer Nietzsche e a compreender um pouco dele para a minha tese, fui a uma reunião de família em que um parente disse: "Oh, tu estás a estudar Nietzsche? Tu deverias falar com o primo "Fulano de Tal"—ele está a par de

---

116 Carta para Malwida von Meysenbug 13 de Dezembro de 1886, em Krell & Bates 221

Nietzsche." Então eu encontrei este primo e disse-lhe que estava a aprender acerca de Nietzsche e que estava a tentar descobrir todas as diferentes interpretações. Perguntei-lhe se tinha algum conselho para mim. Ele disse-me: "O meu conselho é—obtém a tua própria interpretação e que se fodam todos."

Há algo do espírito Nietzschiano nesta observação, com certeza. Mas o próprio Nietzsche não era assim de todo—ele nunca usaria tal linguagem, por exemplo. Relatos de pessoas que o conheciam reportam-no como sendo afável e cordial, especialmente para as mulheres, apesar de algumas coisas agressivamente machistas que ele disse acerca delas. Então tem de ser mais complexo do que isso. Quando você lê muito da obra dele, fica claro que, embora ele tenha uma propensão e gozo por derrubar ideologias e instituições, isto surge como um resultado de um longo e sensível pensamento acerca delas, e muitas vezes com uma parte substancial de respeito pelos propósitos que elas serviram no tempo delas. Por exemplo, embora a religião seja um dos seus alvos favoritos, ele reconhece o seu papel na criação da cultura Europeia:

> A longa falta de liberdade do espírito, a restrição desconfiada na comunicabilidade dos pensamentos, os pensadores da disciplina impuseram-se a pensar dentro das orientações estabelecidas por uma igreja ou tribunal...a longa vontade espiritual de interpretar todos os eventos sob um esquema cristão e redescobrir e justificar o deus cristão em todos os acidentes—tudo isso, por mais forçado, caprichoso, duro, horripilante e anti-racional, mostrou-se o meio pelo qual o espírito europeu foi treinado para a força, a curiosidade implacável e a mobilidade subtil. ... Que por milhares de anos os pensadores europeus pensaram meramente para provar alguma coisa... que as conclusões que *deveriam* ser o resultado da sua reflexão mais rigorosa sempre foram

resolvidas desde o início...—esta tirania, este capricho, esta rigorosa e grandiosa estupidez tem *educado* o espírito.[117]

Então eu diria que o espírito Nietzschiano é menos uma questão de imprudente subversão e mais uma questão de encarar as coisas de uma maneira clara e não romantizada, a fim de avaliá-las sem preconceitos. Nietzsche descreve-se em *Para Além de Bem e Mal* através de uma passagem de Stendahl, que ele cita no Francês original (tornando-o assim especialmente adequado para mim citar enquanto estamos aqui em Nice):

> *Pour être un bon philosophe, il faut être sec, clair, sans illusion. Un banquier, qui a fait fortune, a une partie du caractère requis pour faire des découvertes en philosophie, c'est-à-dire pour voir clair dans ce qui est.*

[E então aqui está a tradução de Kaufmann da passagem]

> To be a good philosopher, one must be dry, clear, without illusion. A banker who has made a fortune has one character trait that is needed for making discoveries in philosophy, that is to say, for seeing clearly into what is.
>
> Para ser um bom filósofo, é preciso estar seco, claro, sem ilusão. Um banqueiro, que tem feito fortuna, tem um traço de carácter que é necessário para fazer descobertas em filosofia, ou seja, para ver claramente o que é.[118]

Esta é a chave para a voz Nietzschiana, penso eu—não necessariamente descartando tudo o que está estabelecido mas tendo a liberdade e a visão clara das coisas que tornariam possível o descarte; ou se alguém decidir afirmá-las como alternativa, fazer então com pleno conhecimento e justificação,

---
117 BGE 188
118 BGE 39

não apenas por hábito ou fraqueza ou conformismo ou medo de inovação.

A PARTIR DO Musée Chagall nós apanhamos o autocarro num tiro directo pela avenida acima até ao topo da colina. Cimiez é agora apenas um bairro de Nice, porém nos tempos Romanos era uma separada comuna chamada Cemenelum. O que resta do período Romano é um anfiteatro e algumas outras ruínas. O anfiteatro é a âncora dum parque onde nós encontramos o almoço, incluindo uma outra especialidade Niçoise, *tarte aux blettes,* bem como a terceira sanduíche das crianças, tomate / manjericão/ mozarela, em três dias.

À direita está o Musée Matisse, numa velha mansão do século XIX. Este é outro dos museus de arte pelos quais anseio. Eu quero entrar, porém o grupo denega-me—eles querem um tempo de "relaxamento" antes de sairmos novamente durante o anoitecer, então eles pedem-me para consultar os meus mapas a fim de encontrar um autocarro para nos levar de volta ao nosso apartamento.

A vontade do grupo supera a vontade do indivíduo e assim eu sou deflectido do meu ego amante de arte para voltar ao meu papel habitual de navegador familiar. É isto um bloqueio irritante para o que eu faria se estivesse sozinho, ou é uma oportunidade para afirmar a importância de outras pessoas na minha vida? É a família um entrave para a vida de um escritor, ou um suporte? Estou eu a ser infiel a Nietzsche ao subordinar o meu lado individual ao grupo, ou estou a ser-lhe fiel perseguindo o meu próprio caminho na vida, um que—ao contrário do próprio exemplo dele, mas ainda algo que definitivamente afirmo—envolve ficar junto de pessoas com quem se estabeleceu um relacionamento, uma confiança mútua? Nesta época altamente individualista—mais pessoas a viverem sozinhas do que nunca, encontrando o seu significado na vida a solo, etc. (um dos aspectos mais claros em que o mundo caminha nos passos de Nietzsche, incidentalmente)—talvez se possa seguir o próprio caminho precisamente rejeitando o individualismo e devotando-se aos relacionamentos. Esta tensão na minha vida, continuamente renovada, deixa-me continuadamente perplexo. Nietzsche é claro quanto a nós sermos os artistas das nossas próprias vidas, no entanto, depois de uma manhã no mundo da arte, a minha pintura pessoal parece-me tão intrigante quanto um burro voador.

Para colocar a questão de outra maneira: Nietzsche diz: "Sê tu mesmo." Mas que diabo é isso? O que deveria eu ser agora mesmo? O meu herói não dá respostas.

O AUTOCARRO percorre um itinerário sinuoso descendo a colina na Avenue des Arènes de Cimiez, emergindo finalmente perto do Museu de Arte Moderna e Contemporânea, um edifício surpreendentemente novo, e mais outra recordação de que esta não é meramente uma cidade turística ossificada.

Claro que eu tenho de dizer que *gosto* de cidades turísticas ossificadas, por isso eu estou contente quando o tempo de relaxação está terminado e regressamos caminhando através da *vielle ville*. Nós decidimos dar o lugar do "tempo de pés ao alto" ao "tempo de molhar os pés"—ou seja, decidimos experimentar a praia. Nós não trouxemos roupas de banho, já que sabíamos que teríamos no máximo apenas alguns minutos das nossas duas semanas para usá-las, mas mesmo assim queremos pelo menos mergulhar os nossos pés no Mediterrâneo. A praia está lotada e pedregosa. Com os pés descalços, nós percorremos o nosso caminho com cuidado pelos seixos e delicadamente ao redor das toalhas que exibem pessoas quase nuas. A água é surpreendentemente fria—pensando que este era o *sul* de França, eu tinha expectado água de banhos—mas é claro que não é tão fria quanto o oceano no Maine.

Nós ouvimos dizer que as mulheres muitas vezes ficavam em *topless* nesta praia—e se você acha que é estranho fotografar retratos de supermodelos nuas com a sua filha de dez anos, tente ir a uma praia de *topless* com a sua esposa—mas encontramos pouca evidência dessa prática. Eu pergunto-me o que pensaria Nietzsche da ideia de uma praia de *topless*. Suponho que ele poderia ter aprovado isto filosoficamente, em princípio. Afinal, o que é mais natural do que a nudez? Por outro lado, uma das coisas que se desenvolveu naturalmente ao longo da história humana é a instituição de roupas e uma convenção geral sobre quais partes do corpo podem ou não ser exibidas publicamente (diferentemente por cultura e período de tempo, claro, mas ainda assim há sempre uma ou outra convenção). Do que eu tenho certeza, contudo, é que o próprio Nietzsche real, homem do século XIX que ele era, teria ficado escandalizado. O Vitorianismo pervadiu a Europa muito além da Inglaterra, e o próprio Nietzsche teve uma educação tão burguesa quanto qualquer outra pessoa daquela época. Ele lutou para se libertar da repressão burguesa, e escreveu muitas vezes sobre a importância de ter uma atitude mais natural em relação ao corpo e a todas as coisas físicas. Mas se ele já tivesse visto na realidade algo como a comum exibição corpórea nas praias da Riviera de hoje, ele certamente teria sido incapaz de lidar com isso. Não que nós, pós-Vitorianos do século XXI, devamos sentir-nos superiores. Embora nós pensemos que somos iluminados, não está claro que lidemos com a ideia do corpo nu de forma muito melhor, ou mesmo se o fizermos, não está claro que estejamos em situação muito melhor.

CHEGAMOS demasiado cedo para os vendedores de artesanato, então subimos a Colline de Chateau, a colina onde o castelo Sabóia permanecia antes dos Franceses o destruírem em 1706, agora um parque. Algures aqui em cima há um lugar chamado Terrasse Friedrich Nietzsche, no entanto não gasto tempo a procurar por ele. Eu tinha sido desencorajado pelos mapas, os quais não são claros sobre onde é exactamente isso. De qualquer forma, este Terrasse não marca qualquer lugar particular na história pessoal de Nietzsche, como faz o *Sentier*; é apenas um esforço do município para constatar a famosa presença dele na cidade, e o facto de que ele fez caminhadas até aqui (a *colline* está situada entre a residência dele na Rue Catherine Segurane e a *vielle ville*). Não obstante, a vista oeste é de tirar o fôlego e tiramos algumas fotos do pôr-do-sol.

De volta ao Cours Saleya, as mulheres da família cruzam os vendedores de artesanato enquanto os rapazes e eu encontramos um lugar fora da azáfama para observar as pessoas. Em retrospectiva, este é um outro momento em que eu teria sentido o meu ego Nietzschiano a ser constrangido pela família. Por mim mesmo eu teria seguido em frente, talvez para passear pela *Promenade des Anglais* em direcção ao sol poente. Afinal de contas, esses são também genuínos passos de Friedrich, tanto quanto o *Sentier* em Èze.

Mas eu estava bem com isso naquele momento. Conforme eu penso nisto, Nietzsche, como uma pessoa solitária, estava frequentemente na posição de observador de pessoas—na sala de jantar do hotel, sentado num café, passeando pelas ruas—então isto também é uma actividade que está nos passos dele, metaforicamente falando. Acho fácil imaginar-me sentado com ele em tais momentos, num *café*, em qualquer banco de *parc*; nós compartilharíamos reflexões da observação de pessoas e outros pensamentos também. Ele estaria cheio de ideias e com provocativa conversação, pronto a compartilhar o seu mais recente excerto do seu bloco de notas, os olhos dele cintilando sobre aquele flagrante bigode. E embora eu não fosse capaz de o acompanhar nas suas caminhadas—ele era alto e pernilongo, e vigoroso quando saudável—eu faria as minhas próprias caminhadas, passeando pelas avenidas, *places*, e passadiços pedonais, esquadrinhando os abstrusos corredores da *vielle ville*, alargando a minha passada ao longo da Promenade des Anglais, subindo a Colline du Chateau, e depois teria os meus próprios pensamentos e os registaria no meu próprio diário.

De facto eu vivi assim, por pouco tempo, nada fazendo senão caminhar, pensar e escrever no meu caderno—pensamentos que se cristalizaram de maneira satisfatória, observações acerca do mundo, apreciações sobre mim próprio. Fiz isto mais intensamente na Europa depois de me formar na universidade: percorri Paris, Clery-du-Bords, Clermont-Ferrand, o Parc de Volcans, Perigeux, depois atravessei o canal para Londres, Brighton e Cambridge. A maior parte desse tempo foi gasto apenas a procurar um bom lugar para sentar e escrever no meu caderno. Isso é tudo o que importava naquela época. O que me surpreende agora sobre esse modo de vida, acima de tudo, é como eu consideraria um bom dia simplesmente por força de ter tido um bom pensamento. Isso era o suficiente para tornar a vida valiosa, para tornar um dia bom—tendo um bom pensamento. Que maneira maravilhosa de viver! Eu ainda poderia viver assim, sozinho com o meu caderno, do jeito que Nietzsche fez; tenho a certeza de que poderia.

Mas o meu modo de vida não gira mais em torno dessa actividade, porque eu optei por entrar no mundo. Eu escolhi ter uma família, uma carreira, e envolver-me em todos os tipos de outras relações sociais, e permanecendo comprometido com estas relações eu estou continuamente readoptandoas. Nietzsche deixou essas coisas para trás, em parte por escolha e em parte por necessidade, e foi aí que começaram as suas anotações. Eu, por outro lado, deixei as anotações para trás para ter aquelas coisas. Qual de nós foi / é melhor? Nietzsche entrou em colapso depois de catorze anos vivendo desse modo, ao passo que eu ainda aqui estou vivo. Por outro lado, às vezes eu sinto falta de contacto com uma parte essencial de mim, distante de um modo de vida incrivelmente precioso.

Ascensão:
Nice para Turim

A TRANSFERÊNCIA de Nietzsche de Nice para Turim, em Abril de 1888, foi prejudicada por ele ter entrado no comboio errado ao mudar em Génova. A nossa, em Junho de 2008, está prejudicada por um atraso de quarenta minutos em Nice porque as portas do comboio não estão operacionais. Depois de semanas a dizer às crianças para se prepararem para o poder e a glória dos comboios Europeus, acontece *isto*. O ar-condicionado também não funciona, então nós sufocamos de calor enquanto estamos sentados na estação. Esta é a mesma estação cuja expansão resultou na demolição da residência de Nietzsche na pequena Rue St. Etienne. Ocorre o pensamento de que talvez as suas ruínas estejam debaixo do exacto ponto em que o nosso comboio permanece imóvel. Finalmente somos direccionados para mudar para um comboio alternativo numa plataforma diferente – no qual as portas funcionam mas novamente o ar condicionado não—e definitivamente partimos lentamente, levando o calor connosco.

A viagem é decepcionante. A rota do comboio passa ao longo da costa da Riviera e eu tinha estado a antecipar uma série de vistas espectaculares. Acontece que a maioria das nossas vistas são dos interiores de túneis escavados nas colinas que descem até à beira da água. Os túneis fedem, todavia temos de manutenir as janelas abertas para manter o ar a circular. Nós não obtemos mais do que um vislumbre do Mónaco, mesmo quando o comboio pára lá, porque a estação de comboios é subterrânea, e a história é a mesma no lado Italiano em San Remo.

Há trechos acima do solo suficientes para nós vermos que a Riviera Francesa parece muito mais rica do que a Italiana. Embora esses dois territórios tenham sido governados juntos por grande parte do milénio passado pela Casa de Sabóia, até agora as diferentes fortunas e economias da França e da Itália têm tido o seu efeito, e há uma mudança claramente visível à medida que cruzamos a fronteira actual. Os edifícios no lado Francês estão geralmente melhor mantidos e há mais vegetação decorativa também. Os edifícios Italianos estão mais susceptíveis a degradação, desmoronamento, e cercados por empoeirados terrenos baldios. No entanto, no lado Italiano, as pessoas parecem estar realmente a utilizar as suas varandas num âmbito muito maior. A maioria delas tem vasos de flores, cadeiras e roupa a secar. As varandas Italianas parecem lugares onde a vida é realmente vivida, não apenas propriedades imobiliárias. Observando a condição decadente dos edifícios, eu compartilho com a minha família actual uma lembrança do tempo em que a minha família de nascimento viajou para a Itália quando eu estava nos meus vinte anos.

"Muitas vezes íamos a algum sítio turístico e descobríamos que ele estava fechado para restaurações. Parecia que onde quer que fôssemos havia lá uma placa a dizer *"chiuso per restauro"*. Era como uma espécie de piada. De novo e de novo, quando íamos a entrar numa igreja antiga, ou a virar a esquina num museu de arte à procura de uma certa galeria, ou de qualquer outra coisa, encontrávamos uma placa a dizer *"chiuso per restauro"*. Vendo todos estes prédios decadentes faz-me pensar que deveríamos estar preparados para a mesma coisa em Turim."

A minha família actual acena com a cabeça e retornam para as suas ocupações no comboio.

E ocorre-me, tendo acabado de recontar uma experiência que tive na Itália com a minha família de nascimento para a minha família atual, a qual está agora a entrar pela primeira vez em Itália, e reflectindo sobre a minha passagem de uma para a outra, que Nietzsche teve a primeira família mas não a última e assim perdeu algo que tem sido um aspecto portentoso da minha vida. Aliás, ele não escreve muito sobre as famílias de nascimento, e isto é um pouco surpreendente já que ele é muito curioso acerca das origens das coisas—mais famosamente as morais, mas também de muitas outras coisas—e as famílias de nascimento são seguramente prodigiosas na história de todos. Há, com certeza, um aforismo fascinante numa obra inicial acerca de crianças que vivem as tensões entre os pais delas:

> *Continuidade dos pais*—As dissonâncias não resolvidas entre os caracteres e as disposições dos pais continuam a ressoar na natureza da criança e constituem a história dos sofrimentos internos dela.[119]

Isto é perspicaz, penso eu. Vejo isto nas minhas próprias oscilações entre a autoconfiança do meu pai e o estoicismo da minha mãe, e nas alternâncias de Vicky entre a economia da sua mãe e a prodigalidade do seu pai. Mas quando, dez anos depois de escrever o aforismo precedente, Nietzsche finalmente começa a escrever a sua autobiografia, ele afirma que a dissonância entre os seus pais foi um dos seus maiores pedaços de sorte:

> A boa sorte da minha existência, talvez a sua singularidade, reside na sua fatalidade: para a exprimir na forma de um enigma, eu, como o meu pai, já estou morto, como a minha mãe, eu ainda vivo e envelheço. Esta origem dual, por assim dizer, tanto do mais alto quanto

do mais baixo degrau na escada da vida, simultaneamente *decadente* e *inicial*—isto explica, no mínimo, a neutralidade, a liberdade de toda a parcialidade em relação ao problema total da vida, o que talvez me distinga. Eu tenho um sentido de olfacto mais subtil para os indícios de ascensão e declínio do que qualquer outro ser humano antes de mim; eu sou o professor *par excellence* neste aspecto—eu sei ambos, eu sou ambos.[120]

Então está ele a dizer que as tensões parentais são uma coisa boa ou má? E se o objectivo é não rotular as tensões como totalmente boas ou totalmente más, mas sim afirmar as dissonâncias transformando-as em contrapontos integralmente harmonizados, poderia Nietzsche obsequiosamente dizer um pouco mais sobre como a sua própria luta se desenvolveu e / ou dar-nos um outro exemplo? Ele não diz. De todos os seus outros parentes ele menciona apenas um outro, uma avó—a mãe do seu pai, através da qual ele afirma estar ligado a vários notáveis, incluindo Goethe. Ele nunca menciona a sua irmã, o seu falecido irmão ou as tias solteiras que compartilharam a casa durante a sua infância, ou a dinâmica interpessoal entre qualquer uma destas pessoas. Intelectual literato que ele era, ele pode muito bem ter estado alheio a estas coisas. Ainda assim, sensível como é ele claramente à influência da sua própria ascendência na vida dele, é uma pena que ele nunca ofereça uma discussão mais profunda ou mais geral sobre esta experiência de vida universal.

Aproximando-nos de Génova, nós passamos por um ponto onde dois conjuntos de trilhos se fundem em frente a um pequeno prédio de tijolos designado Sampierdarena. Eu reconheço o nome. Foi lá que Nietzsche terminou há cento e vinte anos, depois de ficar confuso em Génova e de ter entrado

---

120 EH sábio.1

no comboio errado no seu percurso de Nice para Turim. Na época, Sampierdarena era uma comuna. Agora, dada a expansão urbana de Génova, é apenas um entroncamento ferroviário na periferia da cidade. Quando Nietzsche desceu do comboio em que erradamente havia embarcado, ele ultrapassou a sua frustração invectivando aos inocentes nativos da cidade. Isto, por sua vez, provocou uma enxaqueca de dois dias. Então Nietzsche acabou passando duas noites numa pousada em Sampierdarena com as mesmas pessoas que ele tinha repreendido.

No nosso caso, o dano causado pelo nosso erro na viagem é o de que perdemos o comboio que supúnhamos apanhar e perdemos os assentos reservados que expectávamos ocupar. Em vez de fazer uma conexão rápida com um comboio expresso, sentados em assentos confortáveis e chegando a Turim com bastante tempo para nos instalarmos e ainda fazer alguma coisa do dia, nós ficamos numa plataforma lotada em Génova durante vinte minutos, depois viajamos para Turim num comboio local, fazendo este muitas outras paragens e movendo-se muito mais lentamente do que o comboio anterior. Enfim, não chegamos a Turim antes do fim da tarde.

Cansados e suados, os Viajantes Profissionais alongam as pegas das *rollaboards*, ressoando pela plataforma, seguem o percurso através da Stazione di Porta Nuova—grande parte da qual, com certeza, está coberta de andaimes—e emergem nas ruas de Turim.

O AMOR DE Nietzsche por Turim começou com as condições para caminhar, tanto sob os seus pés quanto acima da sua cabeça. Sob os seus pés havia pavimento de largas e lisas pedras. Os seus olhos nessa época estavam em tão mau estado que ele estava propenso a tropeçar em obstáculos enquanto caminhava, de modo que estas confiáveis calçadas eram bem-vindas. Entrementes, acima da sua cabeça estavam os famosos cobertos pórticos de Turim, no valor de dezoito quilómetros, provendo tectos para as calçadas ao longo de todas as principais ruas do centro da cidade e até, em muitos casos, cobrindo as travessias de rua também. Isto significava que ele poderia realizar as suas caminhadas diárias, independentemente do tempo, e até mesmo ir muito longe.

Os pórticos começam bem em frente à Corso Vittorio Emmanuel, a partir da estação de comboios de Porto Nuova (isto é, esse é o lugar onde eles começam segundo a nossa *perspectiva,* entrando em Turim a partir daquela direcção). Ambos são largos e altos. Sempre senti que sou mais alto quando provido de um tecto alto, e estes arcos elegantes fazem-me sentir enobrecido enquanto ando por baixo deles. Os pilares que sustentam os arcos são grossos e fortes, os espaços entre eles, muitas vezes, estão cheios de vitrines ou assentos para lojas ou cafés no lado oposto da arcada. Embora Chicago seja conhecida como a cidade dos ombros largos, eu realmente sinto que o epíteto se aplica melhor a Turim.

No nosso passeio inicial, puxando as nossas *rollaboards,* nós andamos apenas até à Via Cavour. Conde Camillo Cavour foi o estadista que guiou o movimento para a independência Italiana nas décadas de 1850 e 60. Entre outras coisas, ele negociou o acordo que transferiu Nice para os Franceses para garantir o apoio Francês às reivindicações de Vittorio Emmanuel para governar a Itália. Assim, a nossa rota de chegada—terminando a nossa viagem de comboio a partir de Nice, atravessando a Corso Vittorio Emmanuel para chegar à Via Cavour—é uma feliz coincidência histórica. A casa do próprio Cavour fica nesta mesma rua, a poucos metros do nosso apartamento. Daqui a alguns dias vamos meter a cabeça no pátio e admirar as escadas elegantes que sobem e saem de vista para a esquerda e para a direita.

Mas agora, nós estamos com calor e estamos cansados e queremos chegar ao nosso apartamento sem demora.

Encontramos a porta do nosso prédio—um pequeno recorte dentro duma grande porta do tamanho duma garagem, com uma grande maçaneta de metal bem no meio—e entramos. Na entrada à esquerda está o escritório do administrador e começam as nossas aventuras em Italiano. Então este é o momento certo para falar sobre como lidámos com a questão da linguagem na nossa viagem.

Eu disse no começo deste livro que parte do apelo deste itinerário em particular era o facto de que estaríamos em três diferentes zonas linguísticas: Francesa, Italiana e Alemã. Decidimos, quando começámos a planear a viagem, que nós os seis iríamos dividir-nos em pares, com cada par responsável por lidar com um desses idiomas. Sam e Rosie estavam a estudar Francês na escola, então eles formaram aquele par e saíram-se bem. Entretanto, Vicky, que havia adoptado anos atrás o Alemão no Instituto Salzburg, disse que ficaria feliz em actualizar o seu conhecimento, e Eli juntou-se-lhe no par Alemão .

Eu decidi aceitar o Italiano. Nas minhas viagens anteriores para Itália eu sentia-me alienado do mundo ao meu redor, incapaz de entender até mesmo os painéis publicitários. Então eu prometi a mim mesmo que não voltaria sem aprender um pouco de Italiano e assim isso tornou-se a minha responsabilidade, e Miriam juntou-se-me para fazer o par Italiano. Adquirimos um CD Berlitz da biblioteca pública e praticámos no carro. Tudo correu bem—aprendemos a contar e a fazer uma simples conversa. Então ao entrarmos na porta do nosso prédio eu estou a sentir-me bastante confiante.

Mas tudo isto "se esfuma" quando a supervisora, Maria, sai do seu escritório para nos cumprimentar. Por um lado, eu estou completamente encharcado, drenado pelo calor e pela longa jornada. Mas o maior factor é que, apesar do diligente trabalho com Berlitz e os livros de frases, afinal estou totalmente despreparado.

O Italiano parece fácil no papel, já que cada letra é pronunciada (diferente do Francês), e as letras sempre usam os mesmos sons (diferente do Inglês), e as palavras geralmente têm cognatos Ingleses, ou então assemelha-se a outras línguas Românicas ou Latinas (eu tinha cinco anos de Latim no ensino médio). E o CD Berlitz mostrava pessoas a falarem devagar e a repetirem-se, mesmo para coisas fáceis como " *Buona sera, Matteo* ". Porém os *verdadeiros* Italianos falando o *verdadeiro* Italiano é uma outra coisa. Os Italianos divertem-se com a musicalidade da sua língua, enfatizando certos sons e diminuindo o volume para outros, com pequenos e elegantes gorjeios e acentos por toda a parte. É lindo de se ouvir, e o puro prazer da linguagem e elocução dos Italianos é maravilhoso. Você também entende por que o Italiano é o idioma principal da ópera, visto que é cheio de vogais que mantêm a boca aberta e permitem embelezamento. A forma como os Italianos comuns, em situações habituais, essencialmente *cantam* as suas frases produz um pequeno salto para a Casa de ópera. Mas também torna difícil para um recém-chegado ouvir, ou pelo menos estava além da capacidade *deste* recém-chegado a esta hora tardia.

Então quando Maria, a supervisora, uma adorável mulher de cabelos escuros, sai do seu escritório, eis como decorre a minha conversa com ela:

Eu: Buongiorno! (cautelosamente, tentando soar como Matteo no CD)

Maria: BuonGIOR-no! (ela, por outro lado, lança todo o seu ser na palavra)

Eu: Famiglia Cohen? (gesticulando para todos nós)

Maria: Ah, faMI-glia CO-hen!

Eu: Jonathan, Victoria, Sam, Rosa, Eli e Miriam.

Maria: BIEN-venI-di! (Neste momento Maria diz algumas outras coisas que eu não consigo entender, mas no final ela diz)

CIN-que NOZ-ze?

Eu: Si, cinque nozze. (Eu consigo repetir as últimas palavras dela—é como seguir o CD.)

Maria: (Mas depois ela diz mais algumas coisas, e de seguida mais algumas coisas, e tudo soa, dado o tom musical e a dinâmica da entrega dela, como o recital duma ópera, talvez *La Traviata*, porém no final eu ouço algo como) SeGUI-mi a gli apPAR-taMent-i.

Maria então canta algumas outras coisas e, como uma boa artista de ópera, acompanha as suas palavras com gestos, neste caso em direcção às escadas e ao elevador. Aparentemente tudo isto significa que devemos segui-la até aos apartamentos, que é o que fazemos de imediato.

Maria tem até agora cantado algumas centenas de palavras, pelo menos, e eu tenho percebido exactamente dez delas. No entanto ninguém se aleijou e todos nós subimos juntos, assim eu suponho que estamos indo bem até agora.

Os nossos aposentos são duas pequenas divisões, mas perfeitamente prestáveis, uma ao lado da outra no fim de um corredor. Uma delas tem um autocolante duma estrela Judaica, o que nos dá uma intermissão. A visão faz-me lembrar que estamos na terra que produziu *The Garden of the Finzi-Continis*, um belo filme que retrata uma família Judaica Italiana vivendo uma vida ilusória, protegida atrás do muro do seu jardim, na véspera do Holocausto. O fascismo Italiano não era intrinsecamente anti-Semita como era o fascismo Alemão, mas ainda assim os Italianos aderiram-lhe logo que se aliaram aos Nazis. Terá esta porta por algum motivo sido rotulada antes da nossa chegada? Vicky está claramente a pensar a mesma coisa. Ela dá-me uma olhada, depois aponta e pergunta a Maria o que isto é. Maria responde: "*STEL-la*," Que no dicionário significa "estrela". Certo, penso eu—é só uma estrela. Tolo a conectar isto com o Finzi-Continis—isto é 65 anos depois, toda uma nova Europa.

É similar, a propósito, com Nietzsche e o anti-Semitismo. Ele está associado a isto na imaginação popular por causa da deturpação da sua irmã, a qual permitiu que os escritos dele fossem usados na propaganda Nazi; no entanto a associação desaparece assim que você lê qualquer um dos seus trabalhos. Quando muito, ele sai do seu modo para inverter estereótipos e envergonhar os anti-Semitas dos dias dele. Como um exemplo, no final do primeiro ensaio em *Genealogia da Moral*, depois de apresentar um relato que traça uma tensão entre valores na nossa vida moral retrocedendo ao mundo antigo, Nietzsche escreve o seguinte:

> Qual delas tem vencido *para o presente*, Roma ou Judeia? Todavia não pode haver dúvida: considera a quem se curva hoje em Roma, como se fosse o epítome dos valores mais elevados—e não apenas em Roma, mas em quase metade da Terra, em todos os lugares em que o homem se tem tornado manso ou deseja tornar-se manso: *três Judeus* ... e *uma Judia* (Jesus de Nazaré, o pescador Pedro, o tecelão de tapetes Paulo e a mãe do supramencionado Jesus, Maria). Isto é muito notável: Roma tem sido derrotada sem margem para dúvida.[121]

Então os pontos negativos que ele faz acerca dos valores que ele remonta à antiga Judeia (e "tornar-se manso" é um dos mais brandos, acredite em mim), os quais podem dar munição aos anti-Semitas contemporâneos, nestas circunstâncias ele deixa claro que são direccionados não contra o Judaísmo mas contra o Cristianismo. Ou novamente, mais tarde na *Genealogia* :

> Eu não gosto do 'Novo Testamento', isso deve ser claro; eu acho quase perturbador que o meu gosto em relação a esse trabalho altamente

---
121 GM I.16

estimado e sobrestimado seja tão singular (tenho o gosto de dois milénios *contra* mim): mas aí está! "Aqui estou eu, não posso fazer de outra maneira."[122]—Eu tenho a coragem do meu mau gosto. O *Velho* Testamento—que é algo de um outro tipo: toda a honra ao Antigo Testamento! Encontro nele grandes seres humanos, uma paisagem heróica e algo da qualidade mais rara no mundo, a ingenuidade do *coração forte;* além do mais, eu encontro um povo. No Novo, por outro lado, eu nada encontro senão sectarismo mesquinho, mero rococó da alma, meras involuções, coisas esquisitas, o ar do conventículo, para não esquecer uma ocasional baforada de bucólico sentimentalismo que pertence à época... e não é tão Judeu quanto Helenístico.[123]

Não se engane: Nietzsche tem muitas coisas negativas a dizer sobre religião. Na *Genealogia,* ele traça os conceitos de pecado, pureza ritual, a moralidade da humildade, etc.—três coisas que ele pensa dificultarem particularmente a cultura contemporânea—das antigas raízes Judaicas. Mas essas críticas são lançadas como um ataque filosófico a todas as formas de monoteísmo. Este último pode bem ter sido iniciado por Judeus, porém atacá-lo não é anti-Semitismo.

NÓS ENTRAMOS no primeiro apartamento onde Maria, estranhamente inspirada pelos móveis simples e pelos arredores sombrios, decide que seria um bom momento para transmitir um outro *recitativo* de ópera, o qual eu não reconheço mas acho que poderia ser de *La Tosca*. Seguimos para a segunda divisão,

---

122 Citando Martin Luther numa arenga contra o Novo Testamento é um típico movimento irreverente Nietzschiano.
123 GM III.22

onde ela muda para *Il Barbiere di Siviglia*. Eu não tenho ideia do que ela está a dizer, mas os quartos parecem estar bem, portanto eu não estou muito preocupado com isso.

Há uma máquina de lavar roupa no segundo apartamento e eu estou a pensar que, à luz da nossa necessidade contínua de lavar roupa, seria bom saber como funciona—*realmente* saber, não apenas saber isto em tradução—então eu pergunto-lhe em Inglês, esperando contra as expectativas de que isto de alguma forma ajudaria a *minha* compreensão. Maria parece entender "washing machine" suficientemente bem para ficar em frente da máquina e apontar para ela, mais ou menos como um apresentador infomercial tentando vender o aparelho a mim. Por alguma razão isto encoraja-me. Acontece, no entanto, que as instruções para a máquina de lavar roupa são simplesmente uma amostragem de árias de *Il Trovatore*. Como ópera, é provavelmente formidável. Como instruções para usar uma máquina de lavar roupa, é bastante incompreensível. Quando Maria termina eu anuo e agradeço, embora eu realmente sinta vontade de aplaudir e de atirar rosas para o palco.

Vicky preocupara-se antecipadamente com a qualidade dos quartos, uma vez que eles eram tão baratos. Turim não é um destino turístico importante, por isso não tem muita infra-estrutura turística do nível que se encontraria, digamos, em Nice. Não há muitos apartamentos para alugar para estadias curtas. Dos poucos que ela encontrara, estes dois tinham a melhor localização, então ela ficou com eles, no entanto com pouca confiança. Vicky também se preocupou com o facto dos quartos não se conectarem, o que significava que as crianças ficariam sozinhas. Mas estamos no final de um corredor tranquilo, com apenas alguns passos entre os dois quartos, portanto tudo bem. E embora os quartos sejam simples e modestos eles são perfeitamente adequados.

As melhores características dos apartamentos são as portas da varanda que se abrem para o pátio. As varandas em si escassamente dão para se permanecer. Mas o pátio tem elegantes decorações de pedra aqui e ali e é preenchido a qualquer hora com andorinhas adejando e volteando. Nas próximas noites eu ficarei acordado no calor, as portas da varanda bem abertas, e observarei as suas elegantes silhuetas negras acima do telhado, de duas águas, do pátio em contraste com o ar brilhante da cidade.

Mas por enquanto não. Primeiro nós temos de entrar e depois temos de comprar suprimentos para as refeições de amanhã, já que será o Sabate e não queremos gastar dinheiro em restaurantes. Isto é parte da razão pela qual procurámos os nossos próprios apartamentos—assim teríamos um frigorífico e espaço para fazer as nossas próprias refeições.

Encontrar uma mercearia é complicado, mal-grado. Agora passa das seis e a maioria das lojas está fechada. Maria canta-nos uma ária de Verdi sobre um supermercado ao virar da esquina no fundo da rua—de uma das obras menos conhecidas dele, *Aïda en Supermerchado*—e conseguimos encontrá-lo.

É aqui que o restante da minha energia se dissipa e eu realmente começo a desaparecer. Fazer compras num mercado estranho já é um desafio, mas fazê-lo à tarde num dia quente, um dia de viagem, com cinco outras pessoas, coloca-me no limite. Demasiado quente, demasiado cansado, demasiado fora das redondezas do lar. A minha cabeça está abatida, as minhas respostas são breves ou inexistentes, e se eu tiver que lidar com as crianças irei precipitar-me nelas.

Vicky, contudo, sente-se bem. No mercado, ela administra bem os desejos competitivos por diferentes alimentos entre os seis de nós, garantindo que há o suficiente para levar a cabo três refeições mas não com muitas compras duplicadas. E enquanto eu estou a afundar em fadiga e a tornar-me monossilábico, Vicky está a borbulhar de excitação sobre o novo lugar, as novas ruas, as novas paisagens, e a sua energia leva as crianças com ela.

O casamento é um sistema binário. Se os dois estão

em diferentes estados de espírito, com um estando bem e o outro não, você acaba calculando a média. A desvantagem deste ajuste é que aquele que está de bom humor é retardado pelo que está de mau humor; a vantagem é que aquele que não está bem é impulsionado pelo outro. Então lá estamos nós: Eu estou exausto, oprimido pelo calor e frustrado pela minha incapacidade de falar Italiano, enquanto Vicky se sente óptima, empolgada por estar num país que nunca visitou antes e começando a apaixonar-se por Turim.

A situação de Nietzsche era diferente, claro. Quando afundou em si mesmo, por estar doente ou solitário ou desanimado, afundou sem salva-vidas nas proximidades para puxá-lo de volta. Ele sabia disto—ele define um amigo como uma "cortiça" que impede que "o eremita... afunde nas profundezas"[124]—mas pela maioria dos dias da sua vida, ele estava perdido para tal amigo. Por outro lado, quando ele estava num ânimo brilhante, ele não tinha que se compadecer com os humores mais escuros doutra pessoa e ser arrastado para baixo. Quando ele estava num rasgo produtivo, ele podia aproveitar a onda por horas, dias, semanas, sem que ninguém interrompesse os seus pensamentos. No entanto um sistema binário pode voar também, quando duas pessoas estão indo bem. Duas pessoas em sincronia podem alcançar alturas emocionais mais altas do que uma, podem desencadear os pensamentos uma da outra, podem fornecer perspectivas uma para a outra.

"Um filósofo casado," escreve Nietzsche, "pertence *à comédia*."[125] Mas ele não tem ideia acerca do que está a falar. E visto que o meu casamento é um factor tão importante na minha vida, este é um aspecto em que me sinto completamente distante de Nietzsche.

---

124 Z I.14
125 GM III.7

Shabbat:
Chiuso Per Restauro

NOS SEUS ÚLTIMOS escritos, Nietzsche explode o conceito de um Sabate. Ele diz que o objetivo do Sabate é ser tão entediante que você deseja retornar ao trabalho[126], ou ainda que "aqueles que sofrem com o empobrecimento da vida... procuram descanso, quietude, mares calmos."[127] Aqueles que são verdadeiramente fortes, por outro lado, divertem-se em luta contínua.

Mas isto não se aplica ao Shabbat como eu o conheço. O Sabate Judaico (e aposto que isto é válido de outras tradições religiosas que têm um dia formal de descanso) não é uma mera ausência de trabalho. Pelo contrário, através de uma combinação de requisitos religiosos e costumes tradicionais, o descanso que acontece nesse dia torna-se um compromisso positivo e activo em oposição a uma retirada do mundo. Ir à sinagoga, passar tempo com a família, fazer refeições especiais, desfrutar da natureza ou ler coisas para as quais você não tem tempo durante a semana, ou simplesmente sentar e contemplar a vida, a natureza ou o nada, são todas as actividades que dão ao dia um conteúdo positivo e valorizado. A descrição do Shabbat que vem no quarto mandamento (na versão de Deuteronómio) inclui a nota de que Deus descansou no sétimo dia *vayinafash*, que significa literalmente, "e foi revitalizado." E é assim que eu penso nisto para mim próprio—é o dia em que eu recupero o

---

126 BGE 189
127 GS 370

meu senso de mim mesmo, o meu equilíbrio interno.

Nietzsche parece entender esta ideia em termos de lugar:

> *Sensibilidade do campo*—Se um homem não desenhou linhas firmes e sossegadas ao longo do horizonte da sua vida, como as linhas desenhadas pela montanha e a floresta, a sua própria vontade interior torna-se inquieta, distraída e cobiçosa, assim como a natureza do habitante da cidade....[128]

Mas ele não reconhece que isto se aplica ao tempo, tanto ou até mais. Esta cegueira é ainda mais impressionante em combinação com o epigrama imediatamente anterior ao que acabei de citar:

> *Valor da doença*—O homem que está doente na cama ocasionalmente descobre que do que ele está doente é geralmente do seu escritório, do seu negócio ou da sua sociedade e que através deles perdeu ele toda a circunspecção em relação a si mesmo: ele adquire esta sabedoria do lazer para a qual a doença dele o tem compelido.[129]

As doenças surgem quando precisamos delas, parece estar ele a dizer (muito antes da invenção da palavra "psicossomático"), de modo que temos uma saída da actividade que está a impedir de nos ligarmos com o nosso verdadeiro eu. Pode muito bem ser algo para isso. Mas o que Nietzsche não entende é que essa é exactamente a função do Shabbat, só que em vez de esperar que fiquemos doentes, nós programamos esse tempo de revitalização nas nossas vidas numa base regular, cada semana. Talvez Nietzsche não tivesse ficado tão doente tantas vezes, não tivesse tido o seu catrastófico colapso, se tivesse tido descansos

---

128 HAH 290
129 HAH 289

regulares, positivos e deliberadamente escolhidos, em vez de ter os seus únicos momentos de descanso como resultado de doenças que o forçavam a repousar. Por outras palavras, talvez ele não tivesse quebrado tão jovem se tivesse considerado o Shabbat. Eu estou muito convicto acerca disto.

A outra coisa que Nietzsche perde totalmente acerca de se ter regularmente um dia de programado descanso é que isto permite que alguém compartilhe esse dia com os outros. Se fôssemos todos tirar dias individuais de descanso, justamente quando *nós* precisássemos deles, os nossos dias poderiam nunca alinhar com os de qualquer outra pessoa. Mas um dia comum de descanso permite um tempo compartilhado. Isto perturba os nossos próprios ritmos produtivos, com certeza, mas o que estamos a fazer é sacrificar alguma individualidade por consideração da vida com os outros. E talvez exista um tipo diferente de individualidade, uma individualidade que, em vez de exigir isolamento, inclui conexão com os outros.

Aqui estou a referir-me à família, é claro, mas uma tradição religiosa também cria uma "família" num sentido mais amplo. Aqui está um outro aspecto da religião que Nietzsche e eu discordamos: o apelo de fazer parte de uma tradição religiosa cujos praticantes vivem em todo o planeta, a fim de que um viajante de qualquer parte do mundo possa aparecer numa sinagoga em qualquer lugar do mundo e juntamente saber o que está a acontecer e ser bem-vindo como um parente há muito perdido (o que, dada a história e o número limitado de Judeus, pode-se dizer sem muito exagero que o viajante provavelmente está de facto perdido).

Nietzsche certamente teve suficiente exposição à ideia de uma comunidade transnacional. A igreja Luterana, na qual o pai dele foi pastor e à qual a mãe dele permaneceu piedosamente devotada, havia-se espalhado pelo mundo inteiro nos dias dele. Ele tinha acesso a tal tradição se quisesse. Para mim, esta é uma parte forte do apelo do Judaísmo, no qual eu e a minha esposa fomos criados, assim como os meus pais antes de mim e os meus filhos depois de mim. Há muito menos Judeus do que Luteranos, no entanto também podemos ser encontrados em todo o mundo.

Talvez Nietzsche tenha achado isto opressivo. Talvez a grande proeminência do Luteranismo na Alemanha (onde a denominação Cristã é maioritária) tornou-se repugnante para ele, ainda uma outra coisa que ele evitou, considerando que o menor número de Judeus (que são uma minoria na maioria dos lugares do mundo) torna o encontro dum companheiro mais desfavorecido um acontecimento mais raro e precioso, o qual não diminui a individualidade de ninguém. De facto actualmente, com tantos Judeus deixando o rebanho, bem como pessoas criadas noutras tradições, pode-se argumentar que manter-se fiel à religião poderia ser uma expressão positiva da individualidade, e não do conformismo, se feita pelas razões certas.

DESCENDO a Via Carlo Alberto do nosso apartamento até à *sinagogo,* nós vemos do outro lado da rua um homem com um *kippah* na cabeça andando na mesma direcção que nós. Ele também reparou em nós e do outro lado da rua desejamos reciprocamente *shabbat shalom.*

Eu amo o reconhecimento instantâneo e a comunhão instantânea. Nós nunca o conhecemos anteriormente mas sabemos para onde ele está a ir, e ele sabe para onde nós estamos a ir, e é para o mesmo lugar. Eu acho que posso entender por que Nietzsche se pode afastar disto—ele não quer ser conhecido, não quer ser preso a uma identidade de grupo. "Acima de tudo, não me confundas com outra pessoa,"[130] escreve ele no começo da sua autobiografia, e eu acho isto um objectivo muito nobre:

---

[130] EH Prefácio.1

ser inequivocamente único. Mas eu não me importo que parte de mim seja reconhecida pelos outros desta maneira. Eu sei que parte de mim não é tudo de mim, então estou confortável em dar o tributo. É uma conexão com um companheiro humano, e parece-me inteiramente positiva, não constrangedora.

Ontem foi o matrimónio que me distanciou de Nietzsche, hoje é a identidade religiosa. É estranho o quão rapidamente a comunhão que tive com ele em Nice se dissipou aqui em Turim. É como se apanhássemos dois comboios diferentes.

A SINAGOGA, Tempio Israelitico, está localizada na Piazzetta Primo Levi. Levi era um químico e Judeu nativo de Turim, mais conhecido pelo seu relato do seu ano em Auschwitz. A sinagoga tem quatro torreões Mourescos de amarelo-pálido, dando-lhe uma aparência muito semelhante à sinagoga de Florença, a qual eu vi com a minha família vinte e cinco anos atrás. Talvez o Judaísmo não seja Europeu para os Italianos, nem para os Judeus Italianos.

Há um carro da polícia do outro lado da rua e um guarda armado no portão. Tem havido uma onda de violência recentemente dirigida às sinagogas Europeias (então talvez o nosso nervosismo da estrela Judaica na porta do nosso apartamento não fosse tão paranóico). Felizmente, o guarda fala Hebraico, então não preciso confiar no meu patético Italiano para convencê-lo de que estamos bem. Mesmo assim, ele quer saber de que parte dos EUA nós somos, antes de nos deixar entrar.

No interior, um responsável de boas-vindas indica-nos os degraus que conduzem a uma capela. A capela é construída com um tipo de madeira escura e tem, exorbitantemente montados, assentos e bancos de igreja forrados a couro. O seu global *design* moderno está um pouco em desacordo com a antiga ornamentada plataforma de leitura no meio da sala e, no extremo leste, com a antiga e ornamentada arca dos rolos da Torá. Os lugares sentados estão separados para homens e mulheres. Os rapazes e eu pegamos nos xailes de oração do cabide externo e encontramos lugares para nos sentarmos num banco defronte de Vicky e das raparigas.

As cerimónias são adoráveis. Em alguns aspectos elas são globais, pois aqui em Turim estamos a ler a mesma porção da Torá, precisamente com o mesmo fraseado Hebraico, como noutras cerimónias sendo conduzidas em todo o mundo ao mesmo tempo (bem, com ajustamento para diferentes fusos horários) - outro aspecto de pertencer a uma religião global que eu aprecio. Noutros aspectos, estas cerimónias assemelham-se ao estilo Luso-Espanhol com o qual eu cresci[131], ainda algumas das músicas são Asquenazes (isto é, de tradições Alemãs / Europa Oriental). E algumas músicas e práticas são únicas, pois o Judaísmo Italiano é historicamente uma terceira corrente, intermediária entre a divisão Sefardita / Asquenazita que domina o Judaísmo como um todo, devido à sua antiguidade: A comunidade Judaica Italiana remonta aos tempos Romanos e é assim uma das mais antigas do mundo.

Uma das características mais marcantes das cerimónias no Templo Israelitico é o estilo vocal. Eu tenho estado em cerimónias na Inglaterra e ouvido lá a influência das harmonias corais Inglesas no canto congregacional. Aqui na Itália, o cantor[132] e o rabino mostram que sabem onde estão por soltarem de vez em quando alguns vocais puramente operísticos. Eu nunca gostei muito de canto operático por intermédio de chantres nos EUA, mas aqui parece autêntico e apropriado.

---

131 Isto, a propósito, é um aspecto no qual eu sou uma minoria mesmo dentro do Judaísmo Americano e assim, suponho eu, outra razão pela qual manter uma tradição antiga realmente parece-me que acentua a minha individualidade em vez de a impedir.
132 N.T. eclesiástico que canta e conduz as pessoas em oração

Como é comum na maioria das sinagogas, quando um convidado está presente ele recebe a honra de ser chamado para a Torá. Dá-me orgulho cumprir esta função representando a minha família e tenho orgulho também de que os meus filhos saibam ficar de pé enquanto eu estou na plataforma—um costume das sinagogas Italianas e Sefarditas. Entende-se que tal honra é geralmente reconhecida com uma oblação e quando voltarmos para os Estados Unidos eu vou enviar-lhes um cheque, apesar de eu saber que eles terão dificuldade a descontar um cheque emitido em dólares.

O sermão é proferido em Italiano, claro, mas para minha surpresa eu consigo acompanhar um pouco disto. A palavra *controverso* destaca-se—equivalente, tenho a certeza, ao Hebraico *makhloket*, uma controvérsia entre sábios Talmudistas—mas não entendo o suficiente do restante para poder reconstruir para si exactamente qual era a controvérsia.

Depois, há o *kidush*—uma curta cerimónia celebrando o Sabate e envolvendo vinho e bolos ou biscoitos—e somos saudados por muitas pessoas. Três se destacam: O rabino acaba por ser amigo do actual rabino da sinagoga da minha residência em Filadélfia e até tem aparecido lá mais do que eu recentemente. Um membro da congregação que fala excelentemente Inglês pede-nos desculpas pelo calor, dizendo que é "fora da garantia", o que origina uma boa risada, dado que nós estamos acostumados a voltar para casa dizendo que o clima no Maine é *sempre* incomum—seja incommumente quente, ou frio, ou húmido, ou seco—e parece que nós trouxemos isto para Turim.

A terceira pessoa com quem travamos conhecimento é nada mais do que Ariel Finzi. Nós pestanejamos. Do Finzi-Continis? Perguntamos nós. Sim, *esse* Finzi, reconhece ele com um sorriso. Um homem adorável, ele concede-nos uma visita ao santuário principal no andar de cima—um espaço magnífico que ele diz estar sobrecarregado por uma pobre acústica e isto é, de qualquer forma, grande demais para ser usado em qualquer evento a não ser nas ocasiões com mais pessoas, como o Yom Kippur ou eventos do ciclo de vida (é típico de muitas sinagogas Americanas também).

Depois da visita, Ariel diz que ele nos convidaria para almoçar em sua casa (todos os seis de nós, sem aviso prévio!), porém ele mora a oito quilómetros de distância e não gostaria de nos fazer andar uma distância tão grande neste calor. Acontece que, na verdade, nós somos liberais o suficiente para viajar no Shabbat para tais propósitos (Judeus cumpridores não andam em veículos motorizados no Sabate), mas Ariel claramente não. A devoção que ele demonstra ao andar cinco milhas neste calor para chegar à sinagoga e depois mais cinco de regresso, ainda me impressiona. Agradecemos-lhe, contudo estamos felizes em voltar ao nosso apartamento, abastecido com comida da tardia deslocação de ontem ao supermercado.

Nós caminhámos para casa completamente satisfeitos com a nossa excursão ao mundo do Judaísmo, filial Turinense. Fomos capazes de reconhecer e nos adequar e participar de costumes antigos e globais, e mostraram-nos hospitalidade simplesmente por passarmos pela porta e nos identificarmos com essa herança. Menos de vinte e quatro horas nesta cidade e pudemos falar com os nativos como se fôssemos amigos há muito perdidos. Nietzsche viveu aqui por meses e quase não conhecia ninguém além do seu senhorio.

De regresso para a nossa refeição e a nossa sesta—um dos modos mais importantes de culto do Shabbat, no meu livro. Ademais, nós precisamos do nosso repouso, pois à noite encontraremos o fantasma de Nietzsche.

Moralidade & Açoitando Cavalos

DEPOIS DE SESTAS e dum lanche de iogurte, queijo e frutas, nós agora descemos a Via Cavour em direcção ao rio. Passamos pela Piazza Cavour, um pequeno e adorável parque com morros surpreendentes no meio da cidade -Turim é essencialmente plana. Junto ao rio viramos à esquerda e agora caminhamos ao lado do Lungo Po, mais uma vez nos passos de Nietzsche. Os parques ao longo das margens do rio Po eram as rotas favoritas dele nas caminhadas com clima favorável em Turim; quando chovia ele ficava sob as arcadas.

Chegamos à Ponte Vittorio Emanuele I e andamos alguns passos sobre o rio até ao meio da ponte. Diante de nós, dramaticamente situado na extremidade da ponte em frente à cidade, está a igreja do século XIX Gran Madre di Dio, irradiando energia através dos seis pilares neoclássicos dispostos em toda a sua elaborada fachada. À nossa esquerda e à nossa direita estão os parques, estendendo-se em ambos os lados do rio até onde os olhos conseguem ver. No alto de uma colina à esquerda, longe na neblina, a Basílica de Superga do século XVIII, a sua alta cúpula flanqueada por torres e fronteada por pilares, domina o horizonte na borda oriental da cidade. Atrás de nós está a Via Po, alinhada com a ponte e a igreja, conduzindo directamente para o centro histórico da cidade.

Nietzsche escreveu acerca deste mesmo ponto na sua primeira carta de Turim, quando tinha recuperado o ânimo após o seu fracasso ferroviário em Sampierdarena e começara a sentir-se novamente como ele próprio:

> Esta é a cidade que posso usar *agora* ! Isto é cristalino para mim, e foi assim desde o primeiro momento... Tanto para os pés quanto para os olhos, isto é um ponto clássico! Que segurança, que calçadas, [...] que praças sérias e solenes! E os palácios são construídos sem pretensão, as ruas limpas e bem feitas—tudo muito mais digno do que eu esperava! ... Estas arcadas são necessárias aqui, dado o clima instável: ainda assim são espaçosas, de modo nenhum opressivas. Noites na ponte sobre o Po: esplêndido! Para além de bem e mal!![133]

Essa última frase pode parecer estranha para se exclamar numa ponte ao anoitecer. Nietzsche pensa claramente que o amigo que recebe esta carta entenderá o seu significado; para os restantes de nós, porém, alguma explicação é adequada.

A frase, uma das mais notórias de Nietzsche e título do livro publicado três anos antes em relação ao qual ele foi chamado de "dinamite", parece descartar totalmente a moralidade. E é verdade que Nietzsche nesse livro, e alhures, chama a si mesmo de "imoralista".[134] Contudo, a questão não é tão simples. Numa secção tardia de *Para Além de Bem e Mal,* Nietzsche propõe um contraste entre o par de palavras "bem / mal" e o par de palavras "bom / mau". O primeiro, diz ele, conota a amarga reacção dos escravos oprimidos contra os seus senhores—eles definiam o "mal" como tudo quanto fosse a verdade dos seus senhores, e então definiam "bem" como tudo quanto fosse oposto a isso: humildade, gentileza, etc. Nietzsche identifica este modo de determinar o valor moral como a fonte da nossa moralidade contemporânea e critica-a por ser

---

133 Carta para Peter Gast, 7 de Abril de 1888, em Krell & Bates 203
134 BGE 226. Ele está a propugnar o termo Francês moralistes, a autodescrição de um conjunto de escritores do século XVIII cujo estilo epigramático e visões iconoclastas Nietzsche imitou nas suas obras intermédias

reactiva, na medida em que define o mal primeiro e só depois define o bem como o que o contrasta. O par de palavras "bom / mau", por outro lado, como Nietzsche o discerne, não tem esta conotação moralista. Conota simplesmente a maneira pela qual os humanos distinguem aquelas coisas que melhoram as suas vidas daquelas que não melhoram. Esta forma de avaliação é positiva e criativa, não negativa e reactiva.[135] Nós não podemos viver sem valorizar desta forma, pensa ele, e parte do seu ponto em dar esta análise é mover-nos além do *ressentimento* implícito no par de palavras "bem / mal" e no mais naturalista "bom / mau".[136] O último par é aquele que se ajusta melhor ao seu projecto geral de promover o individualismo criativo.

Contudo, há um segundo aspecto da crítica de Nietzsche à moralidade contemporânea, e é realmente este segundo sentido da frase "além de bem e mal" que eu acho que está na mente de Nietzsche enquanto se deleita na glória do crepúsculo na ponte sobre o rio Po. A nossa moralidade contemporânea, visto que estabelece padrões de abnegação e pureza que nunca podemos cumprir, inevitavelmente leva-nos a condenar o mundo. Se considerarmos que os valores morais são os mais elevados, inevitavelmente seremos incapazes de afirmar o valor da vida. Condenaremos esta vida como indigna e desejaremos uma vida incrivelmente perfeita após a morte, em vez de trabalhar para tornar esta vida afirmativa. Por esta razão, Nietzsche às vezes chama a moralidade de "anti-vida".[137]

Quer então Nietzsche que *sejamos* maus? Ele às vezes é levado assim, mas isto é definitivamente uma má interpretação. O par de palavras bom / mau é suficiente para manter os padrões morais—dizer a verdade é bom, mentir é mau; coragem é bom,

---
135   BGE 260
136   Esta análise é desenvolvida com muito maior duração em GM I.
137   Uma passagem em que ele faz isto é na "Attempt at a Self-Criticism" que foi acrescentada ao BT como prefácio quando a segunda edição foi publicada em 1886 (ver secção 5). Uma vez que esta parte foi escrita logo após o BGE, eu sinto-me justificado em aceitar uma para encobrir a outra.

cobardia é mau, etc.—e, de facto, bem no meio de *Para Além de Bem e Mal*, Nietzsche enumera a virtude como uma das coisas "pelas quais vale a pena viver na terra".[138] Assim, a frase "para além de bem e mal" significa, neste segundo sentido, que devemos olhar para além das avaliações morais para encontrar o valor da vida.

Então, o que poderia haver para além da moralidade que possa justificar a vida? "Tudo o que é feito por amor sempre ocorre para além de bem e mal."[139] E o que Nietzsche ama acima de tudo? A resposta é fácil—arte, em todas as suas formas. No seu primeiro livro, ele declara, "é apenas como um *fenómeno estético* que a existência e o mundo são eternamente *justificados.*"[140] Julgar o mundo apenas por padrões morais levar-nos-á a condenar o mundo, já que nem nós nem o mundo podemos viver de acordo com esses padrões. Mas a beleza estética, acredita Nietzsche, coloca as considerações morais comuns em perspectiva. A moralidade deve misturar-se com o prazer da vida, não conflituar com ela. E são os altos pontos estéticos—não apenas obras de arte feitas pelo homem, mas também a beleza da natureza, belos pores-do-sol, etc.—que podem ser afirmados como suficientes para justificar a vida.

Tendo estado lá, eu posso agora, junto com Nietzsche, atestar o poder de afirmação da vida da esplêndida visão de 360 graus da ponte sobre o rio Po ao pôr-do-sol.

DEPOIS de alguns momentos de afirmação, nós voltamos da ponte e começamos a subir a Via Po em direcção ao centro da cidade. Os primeiros quarteirões são um centro comercial ao ar livre, a Piazza Vittorio Veneto. Em seguida, os quarteirões

---
138   BGE 188
139   BGE 153
140   BT 5

superiores da rua retomam o padrão habitual das lojas de Turim, sob arcadas cobertas. À medida que nos afastamos da ponte, a rua parece mais estreita enquanto a multidão se aglomera junto das lojas debaixo das arcadas. E de repente lembro-me de que é aqui que Nietzsche perdeu a cabeça.

Ou pelo menos foi dito ter perdido a sua cabeça. Quando eu era estudante, e por muitos anos depois, todas as biografias de Nietzsche contavam uma história semelhante: Na manhã do dia 03 de Janeiro de 1889, Nietzsche, ido para a sua costumeira caminhada, atacou um cocheiro que chicoteava um cavalo que havia caído. Algo na cena fez com que Nietzsche estourasse. Ele correu para o cavalo e lançou os braços em volta do pescoço do animal, soluçando incontrolavelmente, e foi a partir de então, pelos restantes onze anos e meio da sua vida física, uma concha vazia de si mesmo. O extraordinário *páthos* desta história, incluindo a implicação de que o que o quebrou foi a pequena mentalidade da humanidade—um tema inegavelmente Nietzschiano[141]—tem tornado isto famoso até mesmo entre aqueles que sabem um pouco mais sobre Nietzsche.

O único problema com esta história é que provavelmente não é verdadeira. Uma recente bolsa de estudos (da qual confesso que não estava ciente quando andei na Via Po) tem falhado em revelar qualquer relato escrito do incidente, a não ser depois da morte de Nietzsche em 1900 e mesmo assim num artigo anónimo num tablóide Italiano, do qual não esperaria muita exactidão jornalística mesmo se houvesse uma assinatura de autor. E então os relatos mais chocantes e memoráveis da história datam de muito mais tarde, após a Segunda Guerra Mundial.[142] Assim, é provável que a história tenha sido grandemente embelezada, se é que de facto existe alguma verdade nela.

---

141 Veja, por exemplo, Prólogo de Z.5.
142 Veja Verrecchia A. "Nietzsche's Breakdown in Turin." em Harrison T, ed. *Nietzsche in Italy*. Saratoga: Stanford University Press, 1988: 105-12. Meus agradecimentos a Emery Moreira por trazer este artigo para a minha atenção.

O que está claro é que, nessa data ou por volta dessa data, Nietzsche experimentou algum tipo de colapso catastrófico. As suas cartas até então são tão copiosas como sempre e inteiramente coerentes; as suas cartas posteriormente não são nem uma coisa nem outra. As cartas pós-decaimento foram recuperadas e podem ser encontradas em *The Portable Nietzsche* de Walter Kaufmann.[143] Ambas são fascinantes e comoventes. É como se a mente de Nietzsche tivesse sido atirada ao chão e aberta. Todos os pedaços da sua mente estão lá, mas estão em completa desordem. Aqui está a carta para o seu amigo Peter Gast, completa:

> Turim, 4 Janeiro, 1889
> Para o meu maestro Pietro,
> Canta-me uma nova canção: o mundo está transfigurado e todos os céus estão cheios de alegria.
> O Crucificado

Outra carta é dirigida a um antigo colega da Universidade de Basel chamado Jakob Burckhardt. É datada do dia 6 de Janeiro apesar de ter sido colocada no correio em Turim no dia 5. É longa e, em algumas partes, razoável. Por exemplo, Nietzsche relata: "Eu reservei para mim próprio um pequeno quarto de estudante, situado em frente ao Palazzo Carignano...o que também me permite ouvir da secretária a magnífica música em baixo, na Galleria Subalpina." Está tudo correcto. Mas no meio, onde eu coloquei uma elipse, ele escreve "(no qual nasci como Vittorio Emanuele)". Noutros pontos da carta, ele afirma ser outras pessoas; Prado[144], pai de Prado, Lesseps (não sei quem são os dois primeiros, mas Lesseps foi o arquitecto do Canal de Suez—a sua tentativa de construir um canal no Panamá tinha acabado de falir em Dezembro de 1888), Chambige[145]

---
143 Veja as páginas 685-687.
144 N.T. intrépido criminoso julgado e decapitado em Paris em 1888.
145 N.T. Henri Chambige—condenado a sete anos de prisão por assassinato da sua aman-

(também desconhecido para mim), o conde Robilant (nativo de Turim e estadista Italiano que tinha morrido recentemente em Outubro), Carlos Alberto (rei de Saboia durante o primeiro golpe Italiano na independência em 1848—este é o nome da rua que vai da Piazza Carignano, onde é localizada a residência de Nietzsche na época, até ao nosso apartamento), e Antonelli (o arquitecto da Mole Antonelliana, a qual visitaremos na segunda-feira)—e então diz finalmente, "no fundo eu sou cada nome na história." Num pós-escrito ele refere-se a Cosima Wagner como Ariadne.

E aqui está a carta final, endereçada a outro antigo colega de Basel, Franz Overbeck, na sua totalidade:

> 6 Janeiro, 1889
> Para o amigo Overbeck e esposa,
> Embora até agora tu tenhas demonstrado pouca fé na minha capacidade de pagamento, eu ainda espero demonstrar que sou alguém que paga as suas dívidas—por exemplo, a ti. Eu estou apenas a ser alvo de todos os anti-Semitas.
> Dioniso

Observe a oposição ao anti-Semitismo e a conotação positiva para o valor moral universal de pagar as dívidas—ambas partes genuínas da cosmovisão de Nietzsche, apesar da sua reputação—e a identificação com Dioniso, o deus grego do vinho, cuja antiga festa do êxtase selvagem era um símbolo importante para Nietzsche. *Ecce Homo* termina com a frase: "Tenho eu sido compreendido? Dioniso *versus* o Crucificado!"[146] O significado dele parece ser o de que nós devemos superar o niilismo concernente a este mundo implicado por outra mundanidade Cristã e como alternativa

---

te num alegado pacto suicida em 1888.
146 Destino EH.

abraçar esta vida extasiadamente em todas as suas contradições. Nesta carta ele tornou-se Dioniso, embora na carta a Gast ele fosse o Crucificado. Mais uma vez, ele parece ser cada nome na história.

Na época do seu colapso, Nietzsche estava hospedado com a família Fino no último andar da Galleria Subalpina. Os Finos podiam não saber o conteúdo destas cartas, no entanto eles podiam ver por si mesmos a partir do comportamento de Nietzsche durante os dias posteriores a 3 de Janeiro que algo estava errado com ele. Ele teria longos choros descontrolados. Ele por vezes contorcia-se e falava incompreensíveis despautérios. A Signora Fino, a certa altura ouvindo um tumulto no quarto dele, espreitou através do buraco da fechadura e viu-o ensoberbecendo-se nu e altivo, cantando algo irreconhecível.

Burckhardt e Overbeck, contactados pelos Finos que tinham encontrado os endereços deles em cartas no quarto de Nietzsche, vieram a Turim buscar o seu amigo doente e levá-lo a um sanatório na Suíça. Após alguns dias a mãe dele chegou e levou-o de volta para a Alemanha, primeiro para um outro sanatório e depois para a casa de Naumburg. Por fim, ele parou de falar, embora continuasse fisicamente saudável e a comer entusiasticamente. A sua mãe levá-lo-ia a passear por Naumburg, acreditando que o ar fresco restauraria a sanidade dele, porém o comportamento bizarro dele e as incompreensíveis explosões linguísticas eram tão embaraçosas que ela teve que levá-lo para longe da cidade para evitar encontros com alguém, e eventualmente ela desistiu. A irmã dele, Elisabeth, depois de processar a mãe pela custódia de Nietzsche e do seu legado literário, instalou-o numa casa em Weimar.[147] A partir desta base, ela trabalhou para espalhar a fama dele. Ela iria vesti-lo, com um manto e coroa de louros, e convidar os intelectuais da época para fraternizar com ele,

---

147 A casa está aberta para turismo. Por muitos anos o Arquivo Nietzsche, o qual está também em Weimar, esteve localizado lá; agora é armazenado e administrado pelo Arquivo Goethe-Schiller.

pois embora ele tivesse sido bastante obscuro durante a maior parte da sua carreira criativa, ele estava agora, ironicamente, após o seu colapso e graças à atenção proporcionada por Brandes e outros, a tornar-se famoso. Os visitantes sentavam-se à sua frente no salão, enquanto Elisabeth entoava, "Ele está a pensar através dos séculos, além da humanidade," colocando uma absurda face na catatonia dele. Ele viveu nesta condição patética por onze anos, um quinto da sua vida física, antes de morrer no dia 25 de Agosto de 1900. Mas a sua vida realmente terminou por volta de 3 de Janeiro de 1889, em algum lugar nas proximidades da Via Po.

Agora estamos a caminhar nessa mesma rua, e eu, ainda acreditando na velha história do cavalo, estou a procurar sinais de onde poderia ter sido esse exacto ponto. Alguns relatos dizem que o colapso aconteceu na Via Po, outros que foi numa rua ao lado da Via Po, e agora estou a ver como ambas as descrições poderiam dar certo: As arcadas que cofinam a Via Po cobrem as ruas laterais assim que se cruzam, de modo que alguém poderia estar a caminhar sob uma arcada da Via Po e ainda estar no pavimento de uma das ruas laterais. Mas o ponto exacto do colapso, se de facto ocorreu, não foi registado. Foi a Via delle Rosine? Via Montebello? Via San Massimo? Via Rossini? Via Vasco? Via San Francesco da Paola? Via Bogino? Via Carlo Alberto? Se a história é verdadeira, *tem* de ser uma dessas oito. No momento em que chegamos ao fim da Via Po, eu estou fortemente agarrado pelo pensamento melancólico de que acabamos de passar pelo local onde o grande Nietzsche supostamente perdeu a cabeça.

Seja como for, ninguém ao meu redor parece estar agarrado por esse pensamento. A minha família está a ver montras e igualmente estão os Turinenses, mais e mais deles. A rua enche-se gradualmente com o *passaggeri* de sábado à noite—um passeio de encontro e saudação praticado na maioria das noites na maioria das cidades Italianas. Quando o céu está finalmente escuro, a diversão nocturna dos restaurantes, música e espectáculos entrará em pleno *swing*. De alguma forma, a vida tem conseguido prosseguir sem Nietzsche.

CHEGAMOS ao topo da Via Po e viramos à esquerda, começando um circuito no sentido dos ponteiros na Piazza Castello, o centro histórico de Turim. Aqui há lojas em ambos os lados da arcada, então a passagem pelo ândito está lotada e escura. Não sei bem para onde estamos a ir, nós atravessamos um portão e encontramo-nos num grande átrio de quatro andares, cheio de mesas e cadeiras de café. O nível do solo está repleto de lojas; a meia altura está uma varanda ornamental. O tecto é uma clarabóia gigante sustentada por uma estrutura de ferro do século XIX. Por alguma razão esta cena parece vagamente familiar e repentinamente percebo que nós estamos na casa de Nietzsche.

Esta é a Galleria Subalpina—eu reconheci-a a partir da fotografia em *The Good European*. Como poderíamos nós ter perambulado inadvertidamente? Eu finalmente percebo que, embora o endereço de Nietzsche fosse 6 Via Carlo Alberto e apesar das descrições do quarto de Nietzsche que eu tenho lido, tudo menciona que isto ficava defronte da Piazza Carignano, a Galleria Subalpina é tão grande que se estende desde essa *piazza* até à próxima *piazza*, a Piazza Castello, que é onde estávamos precisamente a caminhar. Então nós tínhamos entrado na parte de trás. E a passagem não foi notada porque o portão para o átrio através do qual entrámos assinala não a Galleria Subalpina mas o Café Romano, que deve ser o nome de um dos dois cafés que fazem negócio aqui.

Eu fico arrepiado quando percebo onde estamos, e eu quero permanecer e absorver mais. Mas Vicky adverte que está a ficar tarde. Ela garante-me que voltaremos outro dia, um dia em que teremos as nossas câmaras e também teremos mais tempo e energia para explorar. Saímos pelo caminho que entrámos, da Galleria até à arcada no canto sudoeste da Piazza Castello, provavelmente na mesma direcção que Nietzsche teria tomado pelo mesmo portão, aquela mesma arcada, indo em direcção à Via Po, embarcando na caminhada onde, supostamente, ele abandonaria a sua mente.

E de repente sinto-me dentro do que era ser como ele; escrevendo, escrevendo até que os seus olhos lacrimejassem e as suas costas doessem e a sua mão espasmasse, descendo apressadamente as escadas e depois fazendo uma pausa ao ar livre. Pensamentos que vêm depressa demais, pensamentos *sobre a reavaliação de todos os valores, da tarefa que devo colocar sobre a humanidade, à qual a maioria não será equânime, uma tarefa para cultivar a humanidade,* demasiados pensamentos, demasiado rápido...

Todas estas frases dos seus escritos dos últimos meses em Turim,[148] que eu tenho a certeza de que foram retumbando todas juntas na sua cabeça num crescendo insuportável enquanto ele se aproximava da sua crise, retumbam agora pela minha cabeça enquanto eu penso da saída dele por este mesmo portão no dia 3 de Janeiro de 1889. Ninguém sabe onde ele deu o seu último passeio, ou o que, quando muito, desencadeou o seu colapso. É um alívio, então, ser capaz de dizer com certeza que eu e a minha família virámos à esquerda, longe da Via Po, caminhámos parcialmente em torno da Piazza Castello e depois regressámos ao longo da Via Roma para o nosso apartamento.

---

148 Versões de todas estas frases podem ser encontradas nos prefácios de T, A e EH, bem como em passagens de caderno de 1888.

Nobreza & O Último Homem

O DIA 20 DE SETEMBRO de 1870 foi quando o último passo na unificação Italiana ocorreu. Tropas Italianas entraram em Roma, acabando com o poder temporal do Papa e tornando Roma a capital de Itália. Isto marcou a primeira vez desde o fim do Império Romano que toda a península Italiana constituía uma única entidade política. Essa entidade era governada pelo próprio Vítor Emanuel II, de Turim, da Casa de Sabóia, e hoje chegamos à Via XX Settembre para apanhar o autocarro para Veneria Reale, a recém-restaurada sede real histórica da Casa de Sabóia.

As manhãs de domingo são tranquilas em praticamente todos os locais de maioria Cristã, e Turim não é excepção. É um pouco assustador, com as ruas quase totalmente vazias e longas filas de edifícios pesados encarando-nos. Ser turista é desesperador o bastante sem ter um monte de construções gigantescas e superpoderosas pairando sobre você como se estivessem prestes a assaltar uma inocente família de seis pessoas. E, claro, depois da nossa aventura em Èze, eu estou um pouco nervoso com os autocarros.

Mas o autocarro chega, e é o correcto. Nós embarcamos com sucesso e estamos no nosso trajecto—ao longo de mais prédios imponentes, de seguida um parque encantador, depois a estação de comboios Porta Susa, tão antiga e pitoresca quanto a Porta Nuova mas agora usada apenas para viajantes habituais. Assim que nós saímos do centro histórico, os arredores de Turim assemelham-se muito com a periferia de qualquer lugar—postos de gasolina, centros comerciais e assim por diante. Veneria Reale já foi uma vez o caminho de saída no país mas agora é apenas um posto avançado na moderna expansão urbana de Turim. Esta homogeneização da moderna paisagem urbana certamente teria entristecido Nietzsche, o qual celebrava uma Europa cosmopolita na qual a variedade de culturas idiossincráticas—e, presumivelmente, estilos arquitectónicos—seria mantida.

A Casa de Sabóia é menos famosa do que a Casa de Tudor, ou a Casa de Bourbon, ou a Casa Romanov, porém nenhuma destas durou tanto tempo. O seu primeiro herdeiro, Humberto I, tornou-se, no ano de 1003, o Conde de Sabaudia (do qual o nome "Saboia" evolveu). Em 1416, Amadeu VII foi elevado pelo Sacro Imperador Romano ao grau de Duque de Saboia e, em 1713, Vítor Amadeu II foi recompensado pela sua lealdade à Casa de Habsburgo ao receber o título de Rei da Sardenha. Você já pode ver a paciente persistência da linhagem, esperando três ou quatro séculos de cada vez até eles obterem a sua próxima promoção.

Foi como rei da Sardenha que Vítor Emanuel II foi apresentado pelos nacionalistas do século XIX como um potencial unificador para a Itália como um todo. Segundo a lenda, o sucesso do compositor de óperas Giuseppe Verdi promoveu o *Risorgimento* ao fornecer um acrónimo conveniente—os nacionalistas podiam gritar "Viva Verdi!" e isto significar "*Viva Vítor Emanuel Re D'Italia*". E com certeza, Vítor Emanuel II tornou-se Rei de Itália em 1861. O título estava um pouco mais adiante—Veneza e Roma ainda tinham de assinar para a reunificação. Mas o facto de que Roma ainda não fazia parte da Itália reunificada abriu caminho para que Turim fosse a primeira capital da Itália moderna. A nova nação declarou-se como tal em 1861 no Teatro Carignano, do outro lado da rua, a partir daquela que seria vinte e sete anos depois a janela do apartamento de Nietzsche. 20 de Setembro, 1870, então, marcando a inclusão de Roma e a culminação do *Risorgimento*, foi o ponto alto da dinastia Saboia, tornando bastante apropriado o facto de termos embarcado no autocarro para Veneria Reale na Via XX Settembre.

Depois de uma longa subida, o ponto baixo dos Saboianos sucedeu rapidamente—apenas algumas gerações depois. No ano de 1922, a despeito do aconselhamento dos seus generais de que um bandido e o seu desorganizado bando de lunáticos reaccionários deveriam ser eliminados, Vítor Emanuel III deu meia-volta e nomeou o primeiro-ministro Benito Mussolini, permitindo que ele liderasse a ascensão do fascismo na Itália bem antes de Franco ou Hitler poderem alcançar nos seus respectivos países. Esta política surgiu, é claro, na Segunda Guerra Mundial. O envolvimento da Itália na guerra foi um desastre absoluto para todos os envolvidos: primeiro para os Italianos, os quais esfrangalharam o seu belo país; depois para os Alemães, os quais, depois de Mussolini ter sido finalmente deposto em 1943, tiveram que enviar tropas para cobrir ainda outra frente; e finalmente para os Judeus Italianos, os quais tinham sobrevivido à guerra muito bem até este ponto. Os Italianos geralmente não eram anti-Semitas, nem mesmo *i fascisti*[149], e não colaboravam com os Nazis na proporção que muitas outras nações Europeias o faziam—porém os Judeus Italianos eram prisioneiros da Waffen-SS. No final da guerra morreram cerca de oito mil pessoas, inclusive vários parentes de Ariel Finzi. Por este envolvimento com Mussolini (e no espírito geralmente democrático do pós-guerra em todo o mundo), os Italianos votaram em 1946 para acabar completamente com a monarquia.

A Casa de Saboia foi então enviada para novos pastos com um registo de nove séculos e meio de governo, muito mais do que qualquer outra casa real Europeia. Até mesmo o fim

---
149 N.T. os fascistas

deles era relativamente benigno—sem guilhotina ou sangrento *Golpe de Estado*, apenas um plebiscito. Embora, com certeza, o fim não fosse inteiramente amigável: A Constituição Italiana, promulgada em 1947, incluía uma disposição específica que expressamente impedia os homens da linhagem Saboia de entrar no país. Esta provisão draconiana não foi rescindida até 2002 e, mesmo assim, foi apenas à custa do último Vítor Emanuel que explicitamente renunciou à sua reivindicação ao trono. *Sic transit gloria,* como costumavam dizer os Romanos antepassados dos Italianos—assim passa a glória, eventualmente, mesmo para os duradouros Saboias.

Os reis da Saboia nunca governaram uma área tão grande quanto, digamos, a Casa de Windsor ou a dinastia Qing, mas pouco a pouco—adquirindo uma cidade aqui, fazendo um vantajoso matrimónio ali—construíram gradualmente um país de tamanho decente no que é agora o noroeste da Itália, o sudeste da França e algumas ilhas vizinhas. Usando a fertilidade de Piemonte e a localização estratégica da Riviera como sua capital geopolítica, eles foram prósperos e poderosos, e foram importantes agentes da política Europeia durante séculos.

E o seu baluarte é precisamente o território em que estamos a viajar. Num sentido, a nossa inteira viagem de duas semanas poderia ser anunciada como uma excursão pela propriedade dos Saboia e é bom estarmos finalmente indo visitar a casa senhorial.

Nietzsche passou boa parte do tempo na Saboia, não apenas em Nice e em Turim, mas também em várias outras cidades próximas, como Rapallo e Génova. Quando finalmente se estabeleceu em Turim, ele colocou-se bem na capital da Saboia, do outro lado da rua do Teatro Carignano e a apenas algumas centenas de metros do Palazzo Reale. Era isto mera coincidência ou estava isto relacionado com a permanente fixação dele na nobreza? A carta que citei no capítulo anterior sobre a beleza das noites na ponte sobre o rio Po contém excitação acerca do sentimento aristocrático de Turim:

> Que cidade digna e séria! De modo nenhum uma metrópole, de modo nenhum moderna, como eu temera: preferivelmente, é uma cidade da realeza do século XVII, que tem apenas um gosto comandante em todas as coisas, o da corte e dos nobres...

Muitas pessoas que apreciam outros aspectos da filosofia de Nietzsche—o perspectivismo, o individualismo, o eterno retorno, etc.—consideram preocupante a sua fixação na nobreza. Por um lado, muitos dos nobres dos quais ele fala nos seus escritos foram assassinos brutais: a família dos Bórgia, Frederico o Grande, Napoleão, etc. E por outro lado, o seu elogio à aristocracia e críticas à democracia em contracorrente da nossa época incomoda ainda mais do que na época dele. A determinada altura, ele até diz que a escravidão é necessária para uma cultura superior.

Podemos desejar considerar o porquê de Nietzsche ter sustentado esta posição. Aqui está aquela linha acerca da escravidão no seu completo contexto:

> Cada aprimoramento do tipo 'homem' tem sido até agora o trabalho de uma sociedade aristocrática... uma sociedade que acredita na longa escada de uma ordem de categorias e diferenças de valor entre homem e homem, e que precisa de escravidão num sentido ou noutro. Sem esse *páthos de distância* que cresce a partir da diferença arreigada entre estratos... aquele outro, páthos mais misterioso, também não poderia ter crescido—o anseio de um alargamento sempre novo de distâncias dentro da própria alma, o desenvolvimento de estados cada vez mais altos, mais raros, mais remotos,

mais extensos, mais abrangentes—em resumo, simplesmente o aprimoramento do tipo 'homem', a contínua 'auto-superação do homem', para usar uma fórmula moral num sentido supramoral.[150]

A ideia de que a hierarquia na sociedade é espelhada pela hierarquia na alma individual remonta pelo menos à *República* de Platão. Considerando que Platão visualiza tanto a sociedade ideal quanto a alma individual ideal como existente em algum tipo de harmonia estática, Nietzsche vê-os como dinâmicos. Assim como a liderança na sociedade—política, artística, intelectual—estimula toda a sociedade a avançar, a liderança na alma (isto é, algumas partes são mais fortes ou mais mais valorizadas do que outras) proporciona um impulso para que o indivíduo mude e cresça. A melhoria requer comparação e a comparação requer diferença, e assim o progresso cultural social e individual requer desigualdade de um tipo ou outro. Esta é uma hipótese provocativa, mas não totalmente louca. Eu interpreto o uso de Nietzsche da palavra "escravidão" aqui como um pouco de hipérbole de acordo com a sua global estratégia retórica de deliberada provocação (um pouco na mesma linha como a nossa frase actual, "escravidão assalariada").

A segunda coisa a notar é que o objectivo final de Nietzsche é definir nobreza de *carácter*. A parte de *Para Além de Bem e Mal* em que a passagem citada surge é intitulada de "O que é nobre", e eu acho justo dizer que a conexão de nobreza de carácter com nobreza no sentido de aristocracia herdada não é um mero homónimo. Idealmente, ser nobre inclui um forte senso consciente da própria identidade, do orgulho na história pessoal e das capacidades activas, o que de facto parecem ser coisas boas de se ter. Nietzsche lista outras qualidades que parecem apropriadas para uma filosofia do individualismo:

---

150 BGE 257

> Sinais de nobreza: nunca pensar em rebaixar os próprios deveres em deveres de todos; não querer delegar, compartilhar, a sua própria responsabilidade; incluir os seus privilégios e o exercício deles entre os seus *deveres*.[151]

Estas são todas as coisas nobres, acho que estamos de acordo. Um pouco mais tarde, ele escreve: "A alma nobre tem reverência por si mesma,"[152] e eu gosto desta linha também, entendendo "reverência" a respeito do amor-próprio em vez do egotismo. Noutros lugares, Nietzsche desenvolve a noção de soberania pessoal, observando que ser um indivíduo soberano, "uma criatura com o direito de fazer promessas," é um dos triunfos do desenvolvimento humano.[153] À luz de tudo isto, não é desarrazoado para ele, penso eu, estudar a nobreza de carácter, ou fazer pontos conceituais acerca do que é exercer soberania sobre si mesmo, considerando históricos nobres e efectivos soberanos.

Tampouco Nietzsche é o único a fazê-lo: as pessoas no escalão superior da sociedade sempre nos têm fascinado a todos, independentemente dos caracteres delas serem nobres ou merecedores da nossa consideração. Considere-se quantos livros, peças de teatro, filmes e séries de televisão concernem aos aristocratas, muito desproporcionais à sua real percentagem da população mundial. Eu sempre achei que isto é porque os aristocratas são os que têm total autonomia (ou pelo menos parecem à primeira vista). Eles têm o dinheiro ou o poder político ou a licença para viver em total controlo de si mesmos, ao contrário dos seus servos que vivem sob restrições significativas. Por conseguinte, eles funcionam melhor como figuras literárias—eles têm liberdade de movimento e,

---

151 BGE 272
152 BGE 287
153 GM II.1

portanto, podem ser os assuntos de histórias (mesmo quando essas histórias, em última análise, são acerca de descobrir limites ao poder deles). No Talmude, por exemplo, as parábolas ilustrativas são frequentemente introduzidas com a linha: "É como um rei...", mesmo que a pessoa da parábola não seja um rei e o que ele está a fazer nada tenha que ver com o uso de coroas ou estatuto ou qualquer coisa do género. Assim, parte do foco de Nietzsche na nobreza vem simplesmente da necessidade de descrever pessoas soberanas que podem então servir de exemplo para o resto de nós em quaisquer aspectos em que nos encontremos livres.

Além do mais, ainda que os Borgias e os seus homogéneos talvez não tenham tido caracteres admiráveis—e Nietzsche nunca nega isto—é preciso admitir que eles realizaram coisas, e amiúde algumas coisas muito valiosas: os Borgias eram grandes patronos das artes, Napoleão modernizou a Europa, etcétera. Nietzsche receia que a nossa ênfase na igualdade e a nossa preocupação com os oprimidos nos impeça de realizar coisas em busca da excelência, inovação, e crescimento cultural / espiritual. Como vimos em Nice, o facto da residência de Nietzsche na Rue de Ponchettes ter sido engolida por um restaurante no Cours Saleya ilustra bem a ideia de que para alguma coisa crescer, alguma outra coisa deve ser subsumida; para alguma coisa nova ser criada, alguma outra coisa deve ser destruída; para que alguma coisa seja considerada excelente, alguma outra coisa deve ser considerada medíocre. Estas podem ser verdades duras, mas Nietzsche não se importa com quem ofende. O seu argumento de que a tendência de nivelamento da democracia é ruim para o homem superior é pelo menos premunitivo.[154] Nietzsche expressa admiração por aqueles que

---

154 Está Nietzsche a ser demasiado eurocêntrico aqui? Ou seja, é a sua concepção de democracia enquanto triunfo da ralé sobre os nobres (pense na Revolução Francesa) de facto substituída pelo modelo Americano, no qual os próprios democratas tais como Benjamin Franklin são a nova nobreza? Possivelmente, e eu terei mais a dizer posteriormente acerca das críticas de Nietzsche sobre a democracia. Ainda assim, no contexto desta discussão de nobreza, o medo de Nietzsche das tendências de nivelamento da democracia parece-me algo

sacrificam outras considerações pela própria ambição deles, porque ele acredita que isto é o que é preciso para a ambição dar frutos.

Todavia, aqui eu discordo: Parece-me que a busca da criatividade artística e intelectual não exige a implacável subsunção de outros na ambição de alguém. Pelo menos eu espero que não. Em parte, eu admito, isto é simplesmente uma esperança—eu espero que ao tentar fazer o correcto com as pessoas da minha vida não tenha eu perdido a oportunidade de ser o indivíduo criativo que sempre tenho sido capaz de ser. Posso imaginar um caso em que pessoas que querem ser estrelas artísticas ou intelectuais não devem ter as famílias em primeiro lugar, para que a sua energia e atenção possam permanecer focadas no trabalho. Sem embargo, eu tenho a certeza de que quando se tem uma família, esta precisa de vir em primeiro lugar. Alguns podem propor como um contra-exemplo Gauguin abandonando a sua família para fugir para o Taiti para desenvolver a sua pintura. Mas parece bastante claro para mim que, embora a arte de Gauguin possa ser bonita, o carácter dele não é.[155] Aqueles que, como Cesare Borgia, *et al*, perseguiram os seus objectivos de formas assassinas não são verdadeiramente nobres na minha opinião. Talvez Nietzsche, aquele adoentado, não lido, desamparado, desempregado pensionista de invalidez, admirasse estes indivíduos pelo poder que ele próprio não possuía. Mas eu não sei.

DEPOIS de visitar o palácio—grande parte ainda *chiuso per restauro*—nós seguimos pela rua que vai do portão do palácio

---
a que se preste atenção, pelo menos de um modo preventivo. Os fãs de Kurt Vonnegut serão lembrados desta lição no conto "Harrison Bergeron".
155 Para mais informações sobre o exemplo de Gauguin, veja *Moral Luck* de Bernard Williams .

directamente para a cidade em si. No que se reconhece como o centro da cidade há uma *piazza* que se parece com uma cápsula do tempo, pura e simplesmente—uma pequena bolha do século XVIII preservada no meio da expansão urbana. De facto, longe, na outra extremidade da rua do palácio, nós podemos ver que a rua se abre para uma estrada moderna. Mas aqui a arquitectura é preservada e efectivamente parece mais autenticamente antiga do que o palácio cuidadosamente restaurado. Talvez a melhor maneira de manter um lugar restaurado seja simplesmente continuar a morar lá. Os Saboias não conseguiram mas as pessoas da cidade de Veneria Reale de alguma forma efectuaram. Os plebeus têm sobrevivido à realeza.

Não que isto seja algo para se orgulhar, necessariamente. No prefácio de *Zaratustra,* Nietzsche escoria "o último homem", o qual tem, ao visar pouco e a jogar pelo seguro, simplesmente sobrevivido.[156] O facto de que o último homem tem sobrevivido àqueles que muito têm ousado e perecido no processo não é de todo louvável. Afinal, o cobarde que se esconde duma batalha sobrevive ao corajoso soldado que ataca. Da mesma forma, vindo dos vazios corredores dos Saboias para estas ainda vibrantes ruas, eu fico impressionado com o contraste. Sempre tenho admirado as coisas que sobrevivem: antigos edifícios ainda em pé, antigos livros que ainda valem a pena ler, antiga música que ainda move a alma. É difícil negar que existe uma forma de força que consiste simplesmente em permanecer lá. Nietzsche diria que os súbditos dos Saboia sobreviveram aos seus governantes simplesmente mantendo as cabeças para baixo—nada para se orgulhar. Outros podem dizer que eles merecem o nosso respeito porque ainda estão aqui e ainda têm a sua identidade. Talvez haja algo para admirar em ambos, governantes e súbditos.

---

156 Prólogo Z.5

Vontade de Poder na Torre Mole

O PRIMEIRO ALVO de segunda-feira é a Mole Antonelliana, a edificação mais alta de Turim. Iniciada em 1863, a Mole foi concluída em 1889, no mesmo ano em que a Torre Eiffel, bem como o ano do colapso de Nietzsche (ocorre-me que os edifícios estavam a subir quando ele estava a descer). O seu nome provém do arquitecto, Alessandro Antonelli. Foi originalmente concebida para ser uma sinagoga, e admito que tenho dificuldade em imaginar que o edifício mais alto numa cidade da Diáspora seria uma sinagoga. Em Tel Aviv ou Jerusalém sem qualquer dúvida, embora até as sinagogas lá não sejam os prédios mais altos. Na antiga Jerusalém, é claro, o templo era o edifício dominante, no entanto as sinagogas geralmente são mais discretas. Eu acho que a comunidade Judaica de Turim queria mostrar que eles não eram mais zés-ninguém do gueto, que eles haviam *chegado*. As sinagogas Americanas de luxo muitas vezes revelam o mesmo motivo.

De qualquer forma, apesar das suas ambições, a comunidade Judaica não era de facto capaz de juntar dinheiro suficiente para corresponder aos projectos repetidamente ampliados de Antonelli. A planeada altura da cúpula cresceu continuamente ao longo da duração do projecto—de 121 metros no desenho original para 146 metros, depois para 153 e finalmente para os 167 metros que vemos hoje. Enquanto isso, a comunidade Judaica começou a encolher depois de 1864 quando a nova capital Italiana se mudou para Florença. O resto dos Turinenses, contudo, não deixaria o projecto morrer. As autoridades da cidade negociaram o terreno com a comunidade Judaica—a última usou a sua nova aquisição para construir a sinagoga menor, mas perfeitamente adorável, em que estivemos justamente no sábado—e continuou a edificação. Os planos mudaram, o dinheiro veio e foi-se, mas definitivamente o edifício foi concluído apenas alguns meses depois e somente a dois ou três quarteirões de distância de onde, de uma forma ou de outra, Nietzsche entrou em colapso.

A área de construção de Mole é um quadrado perfeito. A sua elegante fachada apresenta colunas Coríntias em todos os lados. Depois, há colunas Dóricas na base da cúpula e ainda mais colunas no pico da cúpula, cercando o belveder. A cúpula revestida de metal é quadrada e adequa-se perfeitamente ao edifício. No topo de tudo está um zimbório redondo. Ao contrário da Torre Eiffel ou dos arranha-céus mais modernos, Mole não sugere apenas verticalidade mas também uma substancial força horizontal.

Mole tem apenas a metade da altura da Torre Eiffel e o seu formato quadrado significa que se encaixaria bem com as caixas modernistas do centro de Nova Iorque. Permanecendo onde está, numa cidade que de outra forma não se eleva muito, é dramaticamente bela, um símbolo digno da cidade. Eu não posso ter certeza de que Nietzsche escreveu a seguinte passagem com Mole em mente, porém eu sei que ele a escreveu em Turim para *Crepúsculo dos Ídolos* e que não há outro edifício remotamente parecido em Nice ou em Sils Maria ou em qualquer uma das outras estadias de Nietzsche. Então eu suspeito que ele esteja a pensar em Antonelli e em Mole quando ele diz o seguinte:

> O *arquitecto* representa... o grande acto de vontade, a vontade que move montanhas, o frenesim da grande vontade que aspira à arte. Os seres

humanos mais poderosos sempre inspiraram os arquitectos; o arquitecto sempre tem estado sob o feitiço do poder. Os seus edifícios devem tornar visível o orgulho e a vitória sobre a gravidade, a vontade de poder. A arquitectura é uma espécie de eloquência do poder nas formas—ora persuasiva, até lisonjeira, ora apenas dominante. O maior sentimento de poder e segurança encontra expressão num *grand style*. O poder que não mais precisa de qualquer prova, que rejeita aprazimento, que não responde levianamente, que não sente qualquer testemunha perto, que vive alheio a toda oposição a ele, que repousa dentro de si, fatalmente, uma lei entre as leis— que fala por si mesmo como um grande estilo.[157]

O parágrafo de Nietzsche descreve Mole muito melhor do que o meu. Sem mencionar colunas e cúpulas, ele capta perfeitamente o estado de alma do original planeador e dos circulantes observadores.

Depois de percorrer o vasto interior e subir um elevador de vidro até à torre para ter vistas deslumbrantes da cidade, nós deixamos Mole, almoçamos algo, e voltamos para a Via Po. No meio das fileiras de lojas encontramos parte da Universidade de Turim. A universidade foi fundada em 1404 e é, portanto, uma das mais antigas do mundo. Pelo final do século XVII isto já estava bastante degradado, então a inauguração deste singular edifício em 1720, sob a direcção do governante Saboia à época, Vítor Amadeu II, foi um evento bastante importante na sua história. Vítor também conhecia os seus negócios. O pátio é uma elegante praça de pedra branca esculpida, com grandes escadarias em cada um dos quatro cantos.

A biografia de Nietzsche, de Chamberlain, relata que diversos especialistas de Turim reconheceram a presença dele na cidade, entre eles um professor de filosofia da Universidade

---

157 T XI.11

de Turim chamado Pasquale Ercole (isto é 1888, lembre-se, enquanto a estrela de Nietzsche está apenas começando a ascender). Todavia, em geral, Nietzsche evitava contacto com ele ou com qualquer outra pessoa.[158] Eu acho isto um frustrante detalhe biográfico. Em novembro de 1887, ainda em Nice, Nietzsche escreveu uma carta a um amigo de infância, Erwin Rohde, um dos seus mais fiéis correspondentes, que termina com uma linha de partir o coração: "Agora tenho quarenta e três anos atrás de mim e estou apenas sozinho como eu estava quando criança."[159] No entanto aqui está ele, em abril de 1888, recusando um potencial parceiro para conversar. Em certo nível, eu posso entender que, para Nietzsche, a solidão tornara-se habitual e ele recuava de ter que se explicar com demasiada frequência. No outono de 1888, ele apresentaria a sua solidão como escolhida: "A associação com as pessoas não impõe qualquer teste na minha paciência... A minha humanidade é uma constante superação... Eu preciso de solidão—o que quer dizer, recuperação, retorno a mim mesmo..."[160] Tudo isto é perfeitamente compreensível, mas então o porquê da reclamação acerca da sua solidão na carta de 1887? O contraste perde um pouco da minha simpatia.[161] Eventualmente nós encontramos o nosso caminho de volta para a Galleria Subalpina, onde estivemos no último sábado. Desta vez vamos até ao fim. O interior é espaçoso, suavemente iluminado pela luz que entra pelo tecto de vidro, quatro andares acima. Grades interiores decorativas do final do século XIX alinhadas frontalmente a cada andar. O centro da galeria está cheio de mesas colocadas por um café; provavelmente não eram as mesmas cadeiras em que Nietzsche se sentava para ler o seu

---

158 Chamberlain 25 e 103
159 Carta de 11 de Novembro de 1887 = Middleton # 158
160 EH sábio.8
161 Pode-se explicar o contraste observando que a primeira citação vem de uma carta que, sendo dirigida a uma única pessoa, é apropriada para confissões, enquanto a segunda vem de um trabalho publicado em que Nietzsche está deliberadamente tentando soar triunfante. Mas, à luz da primeira, a última ainda parece falsa.

jornal e a sua correspondência, mas suficientemente próximo. Em torno das margens do piso térreo estão as lojas, incluindo uma sombria livraria alfarrabista que parece ter saído dos finais de 1800 e, se assim for, seguramente entreteve muitas vezes o mal-trajado hóspede dos Finos. Eu entro por alguns momentos para absorver a atmosfera.

Nós queremos subir para onde teria sido o quarto de Nietzsche, porém as escadarias estão vedadas com cordas e um letreiro diz *chiuso*. Poderíamos atravessar facilmente as insubstanciais barreiras e seguir até ao canto sudoeste do andar superior, onde ficava o quarto de Nietzsche. Pondero isto por um minuto, porém no final decido respeitar os sinais, os quais podem muito bem lá estar por causa das pessoas, que estão nos andares superiores, ficarem chateadas pelas intrusões turísticas.

Foi isto desleal para Nietzsche ao ser-se tão bem-comportado? A sua escrita e filosofia são transgressivas, mas as descrições acerca dele pessoalmente o matizam como gentil e educado. E se nós tivéssemos subido? O que teríamos visto? Apenas uma porta fechada e trancada, tenho eu a certeza. Por outro lado, que mal poderia ter acontecido? Na pior das hipóteses, nós teríamos gritado e voltado para o andar de baixo.

Mas batemos em retirada, pela outra extremidade do prédio, para a Piazza Carignano, e olhamos para trás para encontrarmos a janela dele. E o que se fica a saber? Aquele lado do edifício está... coberto de andaimes! Sim! Está *chiuso per restauro* ! Vinte e cinco anos depois de ser entravado repetidas vezes por *chiuso per restauro* na minha anterior visita à Itália, com os meus pais e irmãos, volto eu com a minha esposa e os meus filhos para rastrear os vestígios de Nietzsche e, ao fazê-lo, sou obstruído por... *chiuso per restauro*. Suspiro.

Estamos prestes a virar e a atravessar a *piazza* quando noto uma placa na esquina do prédio. Aqui está, primeiro em Italiano, depois traduzido (com alguns esclarecimentos adicionais), seguido de alguns comentários:

> *IN QUESTA CASA*
> *FEDERICO NIETZSCHE*
> *CONOBBE LA PIENEZZA DELLO SPIRITO*
> *CHE TENTA L'IGNOTO*
> *LA VOLONTÀ DI DOMINIO*
> *CHE SUSCITA L'EROE*
> ---------------------
> *QUI*
> *AD ATTESTARE L'ALTO DESTINO*
> *E IL GENIO*
> *ESCREVA "ECCE HOMO"*
> *LIBRO DELLA SUA VITA*
> ---------------------
> *A RICORDO*
> *DELLE ORE CREATRICI*
> *PRIMAVERA AUTUNNO 1888*
> *NEL LO CENTENARIO DELLA NASCITA*
> *LA CITTÁ DI TORINO*
> *POSE*
> *15 OTTOBRE 1944 A. XXII E.F.*

Nesta casa
Frederico Nietzsche
 Percebeu a plenitude do espírito
Que tenta o desconhecido
A vontade de poder
Que desperta o herói

Quem
Para atestar o seu maior destino
E o seu génio
Escreveu "Ecce Homo"
O livro da sua vida

Em memória
Do seu criador [que morou aqui em]

> Primavera [e] Outono de 1888
> [Por ocasião do] centenário do seu nascimento
> A cidade de Turim
> Colocada [esta placa]
> 15 Outubro 1944
> [22º ano do estabelecimento do Fascismo]

A primeira coisa a salientar sobre esta placa é que, embora Nietzsche tenha escrito vários outros livros em Turim, mencionar *Ecce Homo* sozinho não é inadequado. *Ecce Homo* é de facto "o livro da sua vida"—isto é, a sua autobiografia—e no início desse livro, Nietzsche observa que ele está a escrever no seu 44º aniversário, 15 de Outubro de 1888. Tão certo como o seu aniversário ser um momento apropriado para começar uma autobiografia, assim também aqueles que estão a colocar uma placa em homenagem ao centenário do aniversário dele —15 de outubro de 1944—fazem bem em relembrar esse livro em particular ao conferir-lhe honras.

Segunda coisa, note-se que na época em que a placa estava a ser montada os Fascistas ainda estavam no comando de Turim. Turim, localizada na parte norte da Itália, não foi libertada até ao final de Abril de 1945, apenas algumas semanas antes do fim da guerra. A forma como os Fascistas marcaram o próprio tempo como datando do início do seu governo pode parecer escandalosamente egoísta, mas na verdade é uma tradição nesta península: o Império Romano contava os anos "AUC", i.e., *ab urbe condita,* isto é, desde a fundação da cidade de Roma.

Por fim, note-se a menção da vontade de poder. A maioria das pessoas que não sabem muito sobre Nietzsche conhece esta frase—é a que a irmã dele usou como título para o livro que ela construiu com alguns fragmentos de cadernos—e a maioria dessas pessoas presume que se refere ao poder no sentido de dominação política ou pessoal. Tais pessoas não acharão surpreendente que os Fascistas mencionem a vontade de poder nesta placa. Contudo, poder político não é realmente o que Nietzsche quer dizer com a frase e de facto, se você olhar novamente, ela não significa poder político mesmo na sua aplicação nesta placa. Em vez disso, o que Nietzsche entende por "vontade de poder" é a vontade de influenciar o mundo. Aqui está uma das passagens mais extensas em que ele explica o que ele quer dizer:

> Suponhamos que... nós conseguíamos explicar toda a nossa vida instintiva como o desenvolvimento e ramificação de uma forma básica da vontade—ou seja, da vontade de poder, como a *minha* proposição a tem; suponhamos que todas as funções orgânicas pudessem ser rastreadas até essa vontade de poder e também se pudesse encontrar nela a solução do problema da procriação e nutrição—é *um* problema—e então ter-se-ia o direito de determinar *toda* força eficiente de forma unívoca como—*vontade de poder*. O mundo visto de dentro, o mundo definido e determinado de acordo com o seu "carácter inteligível"—seria "vontade de poder" e nada mais.[162]

Não se distraia com o tom incerto de "suponhamos" e "pudessem" e "seria"—o uso de Nietzsche do conceito de "vontade de poder" nas suas obras posteriores deixa claro que ele acha que esta é a melhor interpretação disponível para entender o comportamento humano. O que ele está a assinalar, acredito eu, é que as pessoas façam o que puderem para terem um efeito no mundo. Assim, crianças pequenas rabiscam nas paredes, crianças desenham em papel, adultos pintam em tela, aqueles que não conseguem pintar escrevem críticas de arte ou dizem coisas petulantes sobre arte que não conseguem entender, e assim por diante. Pode-se, deliberadamente, abster-se de pintar para fazer alguma outra coisa em que se pense que se será mais eficaz, ou simplesmente pode-se conservar a energia para outra coisa. Pode-se até mesmo estar enganado

---
162 BGE 36

sobre isto e fazer escolhas erradas, sem entender os verdadeiros poderes, efeitos e oportunidades da pessoa. O ponto é o de que todos nós procuremos afectar o mundo de qualquer maneira e em qualquer medida que pudermos. Isto é o que Nietzsche denomina de nossa vontade de poder.[163]

Nietzsche acha que isto também é aplicável ao mundo não-humano, e não apenas aos animais mas também às plantas—plantas jovens competem por ar e nutrientes, pinheiros tentam manter abaixo a restante vegetação da floresta, etc. Nisto ele está prosseguindo Schopenhauer, o qual disse que o nosso acesso interno à derradeira realidade nos nossos próprios casos—isto é, o nosso reconhecimento do "interior" que tem vontade—deveria ser estendido ao "interior" de todas as entidades, e por conseguinte rochas, mesas, cadeiras, *et cetera* também têm vontade—elas próprias têm vontade de permanecer no lugar, de suportar as coisas colocadas nelas, e assim por diante. A adição de Nietzsche a Schopenhauer é para dizer que isto não é simplesmente vontade - Schopenhauer usou a frase "vontade de viver", o que Nietzsche diz ser ridículo, uma vez que estas coisas já estão vivas—mas sim vontade *de poder*.

Poder político é uma forma de poder, é claro. Pode bem ser a maneira pela qual algumas pessoas procuram exercer a sua vontade de poder, e pode bem ser uma maneira muito eficaz de o fazer. Não obstante, uma pessoa pode abster-se de buscar poder político precisamente com o mesmo instinto—pode reconhecer que esta próxima eleição não pode ser vencida e por conseguinte escrevendo um livro sobre as suas ideias terá mais efeito, ou pode estar cansada demais para mais uma campanha. A pessoa sempre pode estar equivocada sobre a melhor maneira de exercitar o seu poder.

A melhor ilustração do facto de que o conceito de Nietzsche sobre a vontade de poder não envolve necessariamente a

---

[163] Nesta passagem "vontade de poder"—em Alemão *wille zur macht*—é usada em aposição com "força eficiente", o que em Alemão é *kraft*, que também poderia ser traduzido como "força" ou "energia".

manifesta dominação política é esta: A pessoa que teve mais vontade de poder na história, segundo Nietzsche, foi Sócrates, o qual nunca exerceu qualquer patente poder político mas foi capaz de fazer as gerações seguintes, por 2400 anos, pensarem como ele, ou seja, preocupar-se com a consistência lógica.[164] Lembrar também da menção da vontade de poder naquele parágrafo sobre a arquitectura que citei acima em conexão com Mole. A vontade de poder do arquitecto é desafiar a gravidade, não conquistar as pessoas. Nietzsche diz naquele parágrafo que os arquitectos são *inspirados* por pessoas poderosas, pelas quais ele pode querer dizer politicamente poderosas—e isto pode explicar o porquê de Nietzsche tão frequentemente voltar-se, por modelos, para pessoas como Napoleão e os Bórgias—porém vontade de poder é muito mais amplo e, por esse motivo, um conceito muito mais interessante.

O próprio exercício de Nietzsche da vontade de poder é fazer-nos pensar de uma certa maneira, experimentar certos pensamentos. E este é de facto o sentido da frase como aparece na placa. Talvez a pessoa que compôs a placa realmente soubesse mais acerca de Nietzsche do que os Fascistas que a contrataram. Os Fascistas utilizaram Nietzsche para ser o seu ideólogo, mas eles não o compreenderam de facto, e portanto eles não seguiram os passos de Nietzsche apesar das alegações deles.

A placa é um achado inesperado—não é mencionado no livro de Krell—e assim compensa o frustrante andaime e o *chiuso per restauro*.

CANSADOS e com calor, nós viramos 180 graus a partir do canto sudoeste da Galleria Subalpina e vemos, no canto sudoeste da Piazza Carignano, uma loja de *gelato*—uma visão muito bem-vinda.

---

164 T II.2 e 5

Nietzsche, a propósito, adorava chocolate e adorava sorvete. Eu sempre achei isto um aspecto maravilhosamente humanizante da biografia dele. Em *Crepúsculo dos Ídolos*, escrito aqui mesmo em Turim pouco depois da chegada dele na Primavera, no decorrer da explicação da sua perspectiva de que nós frequentemente confundimos causa e efeito, ele diz:

> Eu dou um exemplo. Todos[165] conhecem o livro do famoso Cornaro em que ele recomenda a sua magra dieta como receita para uma vida longa e feliz—também virtuosa. Poucos livros têm sido tão lidos; mesmo agora milhares de cópias são vendidas na Inglaterra todos os anos. Não duvido que dificilmente algum livro (excepto a Bíblia, como é conhecido) tenha feito tanto mal, tenha *encurtado* tantas vidas, quanto este *curiosum*[166] bem-intencionado. O motivo: o erro do efeito da causa. O conceituado Italiano achava que a sua dieta era a *causa* da sua longa vida, enquanto a precondição para uma vida longa, a extraordinária lentidão do seu metabolismo, o consumo de tão pouco, era a causa da sua magra dieta. Ele não estava livre para comer pouco *ou* muito de; a frugalidade dele não era uma questão de "livre arbítrio": ele ficava doente quando comia em maior quantidade... Uma vida longa, muitos descendentes—isto não é a recompensa da virtude; em vez disso, a própria virtude é a desaceleração do metabolismo que leva, entre outras coisas, também a uma vida longa, muitos descendentes—em suma, ao *Cornarismo* ".[167]

---

165 Todos, isto é, excepto a maioria dos meus leitores, tiveram de procurá-lo, porém não se preocupe, pois também eu tive de o fazer: Cornaro foi um nobre Veneziano da era Renascentista que, enfrentando uma doença grave aos 35 anos, começou a restringir seriamente as suas calorias, e então acabou vivendo quase até aos 100.
166 N.T. indiscreto
167 Antes da elipse é T VI.1, depois é T VI.2.

Esta dieta funcionava para Cornaro, segundo Nietzsche, não porque o *tornasse* saudável mas porque ele principiava já com uma compleição esguia que tornava a dieta apropriada para ele—assim ele confundiu causa e efeito. Isto o levou, por sua vez, a pensar que a mesma causa teria o mesmo efeito em todos. Isto, diz Nietzsche (alhures), é moralismo clássico—afirmando que todos devem fazer o que é apropriado para uma pessoa: "Alguns moralistas querem desabafar o seu poder e os seus criativos caprichos na humanidade; alguns outros... sugerem com a sua moral: 'O que merece respeito em mim é aquilo a que eu posso obedecer—e tu não *deves* ser diferente de mim'."[168]

Mas Nietzsche *era* diferente de Cornaro, e ele não pode resistir aqui a marcar pontos não apenas sobre a equivocada causação, e sobre o moralismo, mas também sobre o individualismo. Na elipse acima, ele escreve:

> "Mas quem não é carpa não só faz bem em comer devidamente mas também precisa de o fazer. Um estudioso na nossa época, com o seu rápido consumo de energia nervosa, simplesmente se destruiria com a dieta de Cornaro. *Crede experto*".[169]

A última frase é em latim para "confia no especialista"— Nietzsche quer dizer que ele é um especialista acerca si próprio, e outros que possam pensar em aconselhá-lo—como Cornaro— devem reconhecer essa perícia. Aparentemente Nietzsche achava que ele próprio precisava de comer mais do que o que Cornaro recomendava e, é claro, com toda aquela caminhada que ele fazia, provavelmente precisava de todas aquelas calorias (a ficha dos médicos no sanatório registava que ele tinha um apetite voraz). E isto é justificação suficiente, no livro dele (e no meu), para o seu (e o nosso) *chocoholism*.

---

168 BGE 187
169 T VI.2.

NO MEU caminho para cambiar dinheiro na Porta Nuova durante o "tempo de descanso" daquela tarde, vejo eu um anúncio comercial a ser filmado ao virar da esquina, na Via Lagrange. Eu não posso dizer para que serve isto (não é isso verdade com tantos anúncios comerciais?), possivelmente para algum tipo de desodorizante, pela razão de que as filmagens consistem num grupo de rapazes com uniformes desportivos passando por uma linda rapariga, a qual vira e acena. Existem vários diferentes grupos de homens em vários diferentes tipos de uniformes desportivos, e cada um deles é filmado exactamente da mesma maneira fazendo exactamente a mesma coisa. Talvez a equipa de filmagem esteja a ver qual grupo parece melhor? Ou talvez haverá várias iterações deste anúncio comercial?

Eu junto-me a uma multidão na calçada oposta assistindo aos procedimentos. Por acaso estou ao lado dos auxiliares da linda rapariga, um par de pessoas muito simples e com aspecto desarranjado que correm para ela entre *takes*. Eles ataviam o cabelo e secam a testa enquanto ela fica quieta e benignamente permite-lhes que cuidem dela. Então, durante a rodagem, ela cumprimenta os atletas de *jogging* com um grande aceno e um doce sorriso como se ela conhecesse cada um de todos eles e estivesse muito feliz em vê-los. De seguida a rodagem pára e ela torna a ficar parada e sem expressão enquanto os seus auxiliares a embelezam de novo.

Esta é uma ocasião para compartilhar uma das minhas passagens favoritas em Nietzsche. É uma obscura, geralmente citada, se é que é, como um exemplo da misoginia de Nietzsche. Não há dúvida de que Nietzsche é um misógino de algum tipo. Dada a sua ineficiente mãe, infernal irmã e o facto de que a única mulher que ele amou fugiu com o seu melhor amigo, a atitude dele não é surpreendente. É um tanto surpreendente que ele achasse conveniente expressar estes preconceitos nos seus escritos, mas mesmo isso pode ter mais a ver com o argumento dele acerca de todos nós termos preconceitos de um tipo ou outro. De qualquer forma, é assim que eu interpreto passagens como esta:

> Sempre que um problema cardinal está em jogo, ali fala um imutável "isto sou eu"; acerca do homem e da mulher, por exemplo, um pensador não pode reaprender mas apenas terminar a aprendizagem—só descobrir derradeiramente como isto está "estabelecido nele". Às vezes encontramos certas soluções de problemas que inspiram forte fé em *nós;* alguns as chamam de *suas* 'convicções'. Mais tarde—nós as vemos apenas como passos para o autoconhecimento, como sinais indicadores para o problema que *somos*— preferencialmente, para a grande estupidez que nós somos, para o nosso *fatum* espiritual, para o que é "não-ensinável" muito lá no fundo.
> Depois desta abundante civilidade que acabei de evidenciar em relação a mim mesmo, talvez me seja permitido mais prontamente declarar algumas verdades sobre "a mulher como tal"—assumindo que agora é sabido desde o início o quanto estas coisas são apenas afinal—as *minhas* verdades.[170]

Ele então lança-se numa série de passagens machistas, as quais eu não dignificarei repetindo aqui. Com tal introdução, entretanto, você deve considerar se ele as quer dizer seriamente ou não, se são apenas as *suas* verdades. Ele realmente entende-as, no entanto ele reconhece que não há razão para os leitores concordarem, uma vez que eles não têm os mesmos preconceitos—é por isso que ele enfatiza que estas são apenas

---
170 BGE 231

as verdades *dele*. Assim estes comentários estão um pouco isolados do resto dos pontos de vista dele. O leitor pode desconsiderá-los e ainda levar a sério o resto do que ele tem para dizer (por exemplo, a bela declaração sobre "passos para o autoconhecimento").

De qualquer maneira, eu não acho que o que sucede nesta próxima passagem possa ser descartado como simples machismo. Veja o que você pensa:

> *Mulheres e a sua acção à distância*—... Aqui estou eu no flamejante refluxo cujas línguas brancas vêm lamber os meus pés; de todos os lados ouço ululação, ameaças, gritaria, bramido vindo para mim, enquanto o velho agitador da terra canta a sua ária nas profundezas,... ao mesmo tempo percutindo tal batimento sísmico que os corações daqueles rochosos monstros castigados pelo tempo estão a tremer em seus corpos. Então, subitamente, como se tivesse nascido do nada, aparece diante do portão deste infernal labirinto, a somente algumas braças de distância—um grande veleiro, deslizando silenciosamente como um fantasma. Oh, que beleza fantasmagórica! Como magicamente isto me toca! Tem toda a calma... do mundo embarcada nele? ...Um ser intermediário semelhante ao espírito: calmamente observando, deslizando, flutuando? Tal como o barco que com as suas velas brancas se move como uma imensa borboleta sobre o mar escuro. Sim! Deslizar *acima* da existência! É isso! Isso seria algo!
>
> ...Todo grande ruído leva-nos a mover a felicidade para alguma distância tranquila. Quando um homem se encontra no meio do seu próprio ruído, no meio do seu próprio refluxo de planos e projectos, então ele está apto também a ver passarem por si seres

mágicos e silentes, cuja felicidade e reclusão ele anseia: *mulheres*. Ele praticamente pensa que o seu melhor eu habita entre as mulheres, e que nestas regiões calmas até mesmo o refluxo mais barulhento se torna mortalmente quieto, e que a própria vida se torna um sonho sobre a vida. Contudo! Contudo! Nobre entusiasta, mesmo no mais bonito veleiro há muito barulho, e infelizmente muito barulho baixo e mesquinho. O mágico e mais poderoso efeito das mulheres é, em linguagem filosófica, a acção à distância, *actio in distans*; mas isto requer antes de tudo e acima de tudo—distância.[171]

Que grande metáfora: As mulheres daquele período de tempo, usando vestidos compridos e integrais que cobriam as pernas e até os pés, deviam ter a aparência, sem dúvida, de estarem deslizando sem esforço pela superfície do mundo como fragatas com o vento nas suas costas. Mas a ideia geral de Nietzsche aqui, de que a beleza nos assombra com a perspectiva de uma fuga tranquila da nossa própria situação conturbada, também é brilhante e, acredito, funciona igualmente bem, independentemente do objecto de desejo de alguém. E em ambos os casos, se vemos a nossa fuga do nosso próprio ruído na presença duma mulher bonita ou dum homem bonito, ficamos inevitavelmente surpresos ao descobrir, quando nos aproximamos dela ou dele, o comum ruído humano. O motivo, eles são humanos como nós! E estar com eles, então, não seria uma fuga. A passagem, na minha interpretação, não ataca as mulheres mas exorta-nos a encarar os nossos próprios problemas, sem ilusões.

Punçar ilusões é muito do que trata a filosofia inteira de Nietzsche. E eu também reflicto, enquanto prossigo, que o ponto dele sobre a ilusão de fuga realmente se aplica a toda esta cena de filmagem comercial, não apenas àquela mulher bonita

---

[171] GS 60

artificialmente preservada mas ao mundo da publicidade televisiva, um mundo onde o nosso ruído, a nossa dor, o nosso esforço se desfaz numa aparência de feliz perfeição.

Com certeza, depois de cambiar dinheiro na estação de comboios, regresso para descobrir que todos eles—a mulher bonita, os assistentes dela, os rapazes do desporto, a equipa de filmagem—desapareceram como uma ilusão encantada.

Desapareceram como Lou Salomé da vida de Nietzsche.

Salomé à Beira do Lago

ELA ERA LINDA e brilhante, destinada a tornar-se uma autora talentosa por direito próprio, incluindo um livro sobre a filosofia de Nietzsche que é realmente muito bom (favorecido, é claro, por um grau de acesso a ele que ninguém jamais teve). Mais tarde, ela passou a ser uma companheira intelectual e romântica de muitas das principais luzes intelectuais masculinas da época, incluindo o poeta Rilke e, no final da vida dela, Freud. Ela tinha apenas vinte anos quando conheceu Nietzsche, no entanto já era sofisticada e bem letrada, uma russa que já havia viajado pela maior parte da Europa e falava várias das suas línguas.

Eles conheceram-se em abril de 1882, em Roma.[172] O amigo de Nietzsche, Paul Rée um pensador e escritor que tinha sido uma influência importante na ruptura de Nietzsche com Wagner e nos seus escritos no final dos anos 1870, contou a Nietzsche que desejava apresentar-lhe uma pessoa que conhecera. Nietzsche deve ter pensado que Rée estava a querer repará-lo romanticamente, porque quando ele conheceu Lou[173]—na basílica de São Pedro, no Vaticano, um cenário

---

172 Para a inteira história de Lou Salomé, veja a biografia de Hayman, capítulo 9.
173 Eu sempre pensei nela como Lou, e ela tem sido geralmente referida pelo primeiro nome por anteriores estudiosos e biógrafos de Nietzsche, então continuarei a fazer isso aqui, embora eu admita não fazer isso com Nietzsche ou Rée. O revisor de texto para o meu primeiro livro deu-me uma reprimenda sobre isso e correctamente apontou que há um aspecto de machismo em referir-se a uma mulher pelo seu primeiro nome, tal como referir-se a um homem pelo seu sobrenome, portanto nesse livro eu mudei todas as referências de "Lou" para "Salomé". Aqui, não obstante, eu volto a usar "Lou"—parece apropriadamente íntimo para o único amor da vida dele. Talvez outra razão para que eu faça isso é que, como tantos outros estudiosos de Nietzsche do sexo masculino, eu estou *torcendo* por ele, absolutamente e inteiramente sem esperança conquanto fosse a busca dele por ela.

extraordinariamente dramático, o qual certamente contribuiu para que ele fosse varrido emocionalmente—ele perguntou-se em voz alta que estrela os havia reunido. Eu imagino-a estando lisonjeada mas também levemente envergonhada. Eu imagino Rée começando a pensar que toda esta ideia tinha sido um erro logo de início.

Lou admirava o génio de Nietzsche e este, por sua vez, escrevia animadamente acerca de ter encontrado possivelmente um discípulo. Os três amigos—os quais se referiam a si mesmos como "a trindade"—passaram vários meses entrando e saindo da companhia de cada um deles naquela Primavera e Verão, em variáveis combinações de dois e três, em vários locais na Itália, Suíça e Alemanha. O encontro face a face de Nietzsche com Lou ocorreu em Agosto, na pequena cidade de Tautenberg, uma estância da Floresta Negra no sul da Alemanha.

Juntos eles faziam as suas refeições e longas caminhadas, sentando ocasionalmente em bancos que a cidade colocara especialmente para a visita do Professor. (Isto significa, acho eu, que era uma cidade muito pequena e também que Nietzsche tinha uma reputação um pouco maior do que admite a tradicional história da sua vida). Eles ficavam em alojamentos separados, é claro, visto que fazer o contrário teria sido inadequado naquela Era Vitoriana. Eu gostaria que isso tivesse sido todo o Vitorianismo que lá existia, mas infelizmente também foi considerado necessário que a irmã de Nietzsche, Elizabeth, os acompanhasse como dama de companhia. Com certeza, Lou e Elizabeth, que compartilharam a viagem de comboio para Tautenberg, querelaram rancorosamente desde o começo. Elizabeth era certamente superprotectora da "virtude" do seu irmão, a qual de qualquer maneira não era ameaçada; e Lou, brilhante, sofisticada e de mente independente como era, certamente se sentia insultada pela deselegante condescendência de Elizabeth.

Então, de certa forma, era idílico para Nietzsche, provavelmente a melhor quinzena da sua vida, uma época cheia de longas caminhadas e óptima conversação com uma mulher fascinante. Mas deve ter sido um pesadelo também, estar na companhia da sua rapariga de sonho com um desagradável e indesejado pau-de-cabeleira, que por acaso era a sua irmã. Lou não podia aguentar isto por mais tempo e partiu irritada depois de duas semanas. A "trindade" estava novamente junta em Leipzig em Outubro, porém Lou e Rée foram para Paris sem Nietzsche e ele nunca mais os viu de novo.

Houve alguma vez um beijo? Anos depois, Lou não poderia por certo lembrar-se de qualquer jeito. Alguma vez ele propôs-lhe? Lou afirma que ele propôs duas vezes, mas também não podemos ter a certeza disso, já que ela estava escrevendo muitos anos depois do facto e, de acordo com muitos estudiosos, brincando connosco ao enfatizar o papel dela na vida dele. As cartas que temos contêm algumas oblíquas referências a conversações não registadas e talvez deixadas pendentes.

Uma coisa de que eu tenho certeza é que isto foi inútil desde o começo. Rée conhecera-a primeiro, estava mais próximo de Lou pela sua idade do que Nietzsche, e era muito mais socialmente bem-adaptado, mais homem do mundo e até, na minha opinião reconhecidamente subjectiva, muito mais bonito. Ele e Lou tratavam-se como *du*, a segunda pessoa singular do Alemão que relaciona a igualdade e a intimidade (similar ao Francês *tu*), enquanto Nietzsche e Lou permaneciam, pelo menos nas cartas deles, no nível mais formal de *sie*[174]. Nietzsche, entrementes, não era apenas mais velho mas claramente via-a como um potencial discípulo, o que tenho eu a certeza de que ela odiava.[175] Eis o *coupe de grâce*: Nós sabemos muito sobre as conversações de Nietzsche com Lou somente por causa de um documento que ela escreveu na

---

174 N.T. você
175 Carta para Lou Salomé, 26 de Junho de 1882, em Krell & Bates 131

época para o próprio Rée, intitulado "Tautenberg Diary for Paul Rée"; ela não escreveu um similar "Diary for Friedrich Nietzsche" quando estava ela com Rée.

Ele ficou esmagado, é claro. A princípio, ele descarregou na irmã—coisa que Elizabeth merecia sumptuosamente apesar de eu não achar que o desenlace teria sido diferente se ela não estivesse lá—escrevendo cartas furiosas e depois não falando com ela por mais de um ano. Ele ficou deprimido por um longo tempo, saindo disso apenas para um outro período maníaco de duas semanas, durante o qual ele escreveu todo o Livro I de *Assim Falava Zaratustra*, de seguida ficando novamente deprimido, depois saindo disso por mais um período maníaco de duas semanas, durante o qual ele escreveu todo o Livro II, depois ficando deprimido novamente, logo a seguir descobriu Nice, subiu a colina em Èze e escreveu o Livro III durante outro período maníaco de duas semanas. Então ele tornou a si mesmo novamente e retomou correspondência com a sua irmã.

Lou e Rée são mencionados no *Ecce Homo* e, notavelmente, nenhuma referência é vingativa. Você se lembrará da passagem da enxaqueca de três dias no mesmo livro que Nietzsche nos ensina a viver bem não meramente a despeito de, mas *por causa de* golpes que sofremos. E nesta data tardia, seis anos após o desastre e cerca de seis semanas antes do seu colapso, Nietzsche reconhece graciosamente que Rée foi uma influência importante no seu desenvolvimento intelectual[176], e que Lou havia escrito o poema que constitui o texto de *Das Hymnus ad Leben*, "O Hino à Vida", a parceria deles para a qual Nietzsche compôs a música e que foi publicada em 1886.[177]

E agora talvez você esteja a perguntar-se o que eu sempre me pergunto quando considero esta história: *E se ela tivesse dito "sim"?* Nós não sabemos se ele realmente propôs, é claro, e eu não acho que ele tivesse tido uma real tentativa com ela, mas

---
176   EH books.HAH.6
177   EH books.Z.1

supondo que ele tivesse e supondo que ela tivesse aceitado—o que teria acontecido com a filosofia dele? Ainda teria sido ele um defensor tão apaixonado do individualismo? Mais precisamente, quais seriam os pensamentos dele sobre o individualismo se ele tivesse sido forçado a manter a sua individualidade no contexto de um relacionamento romântico prolongado? Ou até mesmo—e aqui estamos realmente entrando na ficção científica em termos das duas pessoas envolvidas[178]—no contexto de uma família com filhos?

É aqui que Nietzsche não nos ajuda em nada. Ele tem comentários ocasionais sobre o tema do casamento e dos filhos, como este discurso de *Assim Falava Zaratustra*:

> Tu és jovem e desejas um filho e um casamento. Mas eu pergunto: és tu um homem que *tem o direito* de desejar um filho? És tu o vitorioso, o autoconquistador, o comandante dos teus sentidos, o mestre das tuas virtudes?
>
> Deixa a tua vitória e a tua liberdade ansiando por um filho. Tu deves construir monumentos vivos para a tua vitória e a tua libertação. Tu deves construir acima e além de ti mesmo, mas primeiro tu deves ser construído, perpendicular ao corpo e à alma. Tu não apenas te reproduzirás, mas produzirás algo mais elevado. Que o jardim do casamento possa ajudar-te nisso!
>
> Tu deves criar um corpo superior, um primeiro movimento, uma roda autopropulsada—tu deves criar um criador.
>
> Casamento: assim eu nomeio a vontade de dois para criar aquele que é mais do que aqueles

---

178 Lou casou-se com um homem chamado Friedrich Andreas (por isso ela é muitas vezes referida na literatura como Lou Andreas-Salomé) alguns anos mais tarde, tornando-se claro para ele quando propôs que ela não tinha intenção de dormir com ele e desse modo o casamento seria apenas um arranjo social. Ela dormiu com vários outros membros da elite intelectual masculina que eram seus companheiros. Mas ela nunca teve filhos. Perseguir a história dela levar-me-ia muito longe da minha, no entanto encorajo-o a procurá-la—ela era uma mulher forte, livre e orgulhosamente intelectual num período de tempo em que essa combinação era amplamente desaprovada. E para crédito a Nietzsche, ele amava-a por isso.

que o criaram. Reverência um pelo outro, tal como por aqueles dispostos com tal vontade, é o que eu chamo de casamento.[179]

O facto de que ele escreveu isto somente meses após o desastre com Lou é uma notável expressão de fé no casamento como um ideal. E assim eu gostaria que Nietzsche tivesse que confrontar as questões que inevitavelmente surgem num casamento real, porque tenho a certeza, com a sua tremenda inteligência e sensibilidade psicológica, ele teria coisas maravilhosamente perspicazes a dizer sobre elas. Como isto se apresenta, apesar desta adorável passagem de *Zaratustra,* ele não ajuda muito a respeito disto.

E assim como estamos a sair de Turim estou eu a sentir-me estranho com ele novamente, tal como eu fiquei no dia em que chegámos. Acho isto estranho, já que esperava adorar Turim como ele adorava. Porém, por alguma razão, as nossas diferenças—sobre casamento, religião, família, elitismo, etc.—surgiram aqui de maneiras que não aconteceram em Nice. Ele saiu daqui sem a sua mente, e eu sinto que estou a sair daqui sem ele também, em certo sentido.

---

179   Z I.20

MP3s e Veltliner

HÁ UMA GRANDE cena no filme *Patton* em que o personagem-título está a observar orgulhosamente enquanto as suas tropas marcham devidamente pela neve em Dezembro de 1944, numa forçada marcha para aliviar o cerco em Bastogne, e ele diz para o seu ajudante de campo: "É ali que vale a pena: o treino, a disciplina."

Nós não estamos a marchar na neve nem nada disso. Todavia, é assim que eu me sinto agora às 05:00 horas no momento em que todos calmamente cuidam do necessário vestir e lavar e da arrumação final e saem pela porta afora; e novamente às 05:30 no momento em que os Viajantes Profissionais caminham silenciosamente em direcção à Stazione di Porta Nuova. Não há queixas, quezílias, atritos—apenas tranquila cooperação e finalização do trabalho. Parece um projecto bem-sucedido que Vicky e eu temos completado juntos, embora eu não tenha a certeza do que fizemos exactamente correcto com estas crianças para este tipo de partida antecipada ir tão bem— talvez estabelecer disciplina cedo, ou deixar claro que não pediríamos para eles fazerem algo que não faríamos, ou talvez não empurrar contra a corrente quando não é necessário. Talvez seja pura sorte. Eles mostraram-se bem, como diria Nietzsche, competentes e cooperativos, criativos e fortes—o que não os matou fortaleceu-os.

É um dos mais famosos ditos dele e também um dos mais

incompreendidos. As pessoas costumam citá-lo como se fosse algum tipo de lei natural inviolável: aquilo que não te mata torna-te mais forte. Naquela forma, é patentemente falso, já que as pessoas às vezes saem de acidentes como paraplégicos, não mortos mas também definitivamente não estão mais fortes. O que Nietzsche realmente escreveu, no entanto, aqui mesmo em Turim, na Primavera de 1888, foi um breve aforismo—"*Fora da escola de guerra da vida:* o que não me destrói torna-me mais forte."[180] Não é uma lei natural, mas sim uma visão pessoal difícil de obter. Mais tarde naquele ano, de volta à cidade após o seu verão em Sils, ele expandiu a ideia na sua autobiografia:

> O que é isto, fundamentalmente, que nos permite reconhecer *quem se revelou certo?* ... Ele tem um gosto apenas pelo que é bom para ele; o seu prazer, o seu deleite cessam onde a medida do que é bom para ele é transgredida. Ele adivinha que recursos vão contra o que é prejudicial; ele explora os maus acidentes a seu favor; o que não o mata torna-o mais forte.[181]

A descrição continua, porém você obtém o ponto: Nietzsche está a descrever alguém *que se tem já* revelado bem—*olhando para trás,* ele pode ser visto que, o que não o matou tornou-o mais forte. Mas não é uma regra automática. É um bom ideal a ter, é claro, e se você estiver em péssimas condições, é um bom mantra para se manter. Tal como Nietzsche com as enxaquecas dele, você tem que descobrir por si mesmo como crescer com os seus ferimentos e como utilizar os seus contratempos para seguir em frente. Mas isto não acontece isoladamente.

---

180 T I.8
181 EH sábio.2

O COMBOIO 0600 de Turim para Milão é um expresso de empresários. As nossas roupas e bagagens turísticas destacam-se. Vamos à procura de comida na *stazione Milano* e, embora estejamos prontos para nos contentar com qualquer coisa comestível, nós encontramos não apenas alguns excelentes bolos mas também *gianduiotto*—uma cobertura de chocolate com sabor de avelã inventada em Turim e que em breve será comercializada na América do Norte. Nutella—vendida num pacote com um punhado de baguetes finos, chamado *grissini*, para nela mergulhar. Ora *este* é um bom pequeno-almoço em andamento. Bem apetrechados com os nossos alimentos de luxo, nós entramos no comboio para Tirano. Depois de mais algum tempo com os planos campos e aldeias do norte da Itália, a geografia começa a mudar.

O comboio corre ao longo da margem leste do Lago Como. Passamos por uma série de aldeias pitorescas: Lierna, Fiumelatte, Varenna, Bellano. Até mesmo as estações de comboios têm ornamentos decorativos em volta dos telhados de ardósia. A margem oposta está praticamente sem edifícios, apenas encostas de montanhas cobertas de florestas que desaguam no lago. O escarpamento estende-se até ao final da península que divide o Lago Como em forma de fúrcula, e há Bellagio, incrivelmente empoleirada na ponta da terra. A água é azul-escura, as vistas de tirar o fôlego.

Eu reparo que os meus filhos têm os seus MP3s ligados. Nietzsche teria *adorado* possuir um leitor MP3, absolutamente. Afinal, este é o sujeito que escreveu: "Sem música, a vida seria um erro."[182] Um leitor MP3 ter-lhe-ia permitido usar a música para encantar a sua alma continuamente. Talvez ele até teria ficado doente com menos frequência. Mas isto também aumentaria o seu isolamento. Sempre que ele ouvia

---

182 T I.33

música estava ele na presença de outras pessoas, mesmo que se tratasse de tensões auditivas vindas de um café da esquina ou vindas do átrio da Galleria Subalpina até ao seu quarto no quarto andar.[183] Na nossa época nós ouvimos música principalmente em forma gravada e desencarnada. É maravilhoso tê-la tão frequentemente e tão disponível, é claro, mas possivelmente tornou-se uma experiência mais vulgar e superficial. E talvez não seja tão bom para a música ser omnipresente.

PERTO do extremo norte do lago, o comboio vira para o leste subindo um pequeno vale com vertentes quase perpendiculares. Não é muito mais largo do que o trilho de direito de passagem da ferrovia, no entanto está repleto de videiras o pouco espaço plano que ali há, e de facto até mesmo as perpendiculares vertentes estão cultivadas também. É um uso engenhoso do espaço: as encostas do vale são muito íngremes para a agricultura em socalcos, porém como as videiras estão presas a estruturas de madeira, em qualquer caso, elas crescem muito bem, desde que as estruturas estejam presas às encostas. É absolutamente encantador, este estreito desfiladeiro verde com folhas de uva e escassamente suficiente para passar um comboio.

No topo do vale está Tirano, a última cidade em Itália antes de cruzar para a Suíça. Nós saímos do comboio e encontramos um lugar para comer e desfrutar alegremente no Ristorante Vittoria. Eu tracei um plano há alguns anos para tentar experimentar todos os restaurantes do mundo que receberam o nome da minha esposa, e nós de facto comemos num desses restaurantes em Turim, então agora o meu plano está a avançar rapidamente. Mas aqui está a coisa mais fixe sobre o restaurante: um parágrafo no cardápio (disponível em Inglês) explica que o vale pelo qual acabamos de passar é chamado Valtellina, e

---

183   Carta para Peter Gast, 16 de Dezembro de 1888 = Middleton # 191.

oferece-nos vinho das uvas cultivadas lá. E esta pequena nota de menu não parece muito para a minha família mas para mim é uma revelação absolutamente alucinante. De repente uma linha numa das últimas cartas de Nietzsche, escritas logo após o seu colapso mas antes de perder todo o seu funcionamento, faz sentido.

À beira da sua loucura, Nietzsche convidou Burckhardt para se lhe juntar em Turim e, tentando transmitir os prazeres civilizados que poderiam ser obtidos ali, diz: "Um copo de Veltliner poderia ser obtido."[184] O nome daquela bebida sempre me lembra um transatlântico, ou talvez o velho Amtrak Metroliner em que eu às vezes andava durante os meus dias de estudante nómada. Mas eu nunca soube realmente o que era. Contudo agora, depois de vinte e nove anos de perplexidade sobre esta linha, sentado no Ristorante Vittoria em Tirano, Itália, de repente eu entendi: Veltliner é a maneira alemã de dizer Valtellina, e é claro que um vinho cultivado aqui poderia ser expectável estar disponível em Turim.[185] O vale que acabamos de atravessar no comboio é o lugar onde o vinho foi produzido e engarrafado. Quando Burckhardt realmente chegou a Turim, Nietzsche caiu completamente na sua loucura e tenho certeza de que o copo de Veltliner nunca foi bebido. Mas agora essa referência obscura nessa última louca carta faz algum sentido para mim.

Na próxima noite, no nosso hotel em Sils Maria, pedirei um copo de Veltliner e lograrei obter um. Brindarei à minha família e brindarei a Nietzsche. Ele não conseguiu beber aquela bebida com Burckhardt, mas ele fê-lo comigo.

Valeu a pena percorrer todo este caminho.

---

184   Esta é a carta que é datada de 6 de Janeiro, mas foi postada em 5 de Janeiro de 1889, encontrada no *Portable Nietzsche* 686.
185   Durante a revisão deste manuscrito, eu tenho aprendido que Veltliner é amplamente produzido na Europa Central, por isso eu não tenho a certeza se o vinho que bebi em Sils-Maria, na verdade, veio de Valtellina (eles nunca me mostraram as garrafas). Mas continuo convencido de que o nome do vinho era esse.

Subida a Sils Maria

PODE-SE IR de Milão a Sils Maria mais directamente apanhando o comboio para Chiavenna e depois o autocarro pelo vale de Engadine. Em vez disso, nós viajamos por Tirano deliberadamente para embarcar no lendário Bernina Express. Sam deparou-se com este enquanto pesquisava acerca da Europa e, como ele fazia votos por este comboio, todos nós ficamos contentes em concordar com a ideia dele. Esperávamos que isto mudaria a viagem de comboio quanto a ser apenas um meio de chegar a algum lugar para passar a ser parte da jornada. Mas acaba sendo ainda mais do que imaginávamos.

Já temos os nossos ingressos, comprados *on-line* há muito tempo, mas ainda precisamos de apresentar os nossos passaportes no pequeno prédio que funciona como bilheteira e controlo de passaportes. O contraste, entre a paisagem comum em que estamos agora e a paisagem extraordinária que estamos prestes a passar, faz-me pensar mais tarde naquela pequena cabana como um portal secreto para um mundo oculto e onírico.

O comboio está pintado de um vermelho brilhante. As duas primeiras carruagens são normais mas as restantes, incluindo a nossa, são carruagens panorâmicas especialmente construídas, curtas e rectangulares, com assentos muito confortáveis e com janelas que abrangem desde perto do chão até ao tecto, curvando-se nos cantos superiores para permitir uma visão sem distorção. Nós assumimos a secção traseira de uma destas carruagens panorâmicas e o comboio começa a deslizar suavemente em marcha.

No início a vista é apenas mais sobre a aldeia de Tirano. O comboio Suíço sai em trilhos paralelos aos do chegado comboio Italiano, mas depois sobe a colina. Nós andamos perto de casas e pelos campos, e é encantador ser parte da paisagem. Ao contrário de tantos comboios, especialmente aqueles a que eu estou acostumado a andar no nordeste dos EUA, que têm rotas através de distritos industrializados que doravante são muitas vezes versões bombardeadas dos seus antigos caracteres distintivos, este leva-nos ao longo de ruas activas e através de vividos quintais frontais, como se estivéssemos nalguma espécie de placa de exibição de modelo de comboio. Nós executamos o nosso caminho pela parte superior de Tirano, passando por pessoas que estão a arrumar a roupa, por carros a dirigirem-se para o abastecimento, e por casas cobertas por telhados de ardósia com filas de pequenos postes de metal nas bordas para fragmentar a neve e assim esta deslizar.

Depois de alguns minutos na cidade nós começamos a subir ao longo dum desfiladeiro com um rio de forte corrente, trocando de lugar com uma estrada tentando compartilhar o mesmo espaço estreito. Posterior acção com um mapa diz-me que este é o ponto em que nós atravessamos para a Suíça, embora a fronteira real não esteja marcada de maneira a que eu possa informar. E agora a analogia com um modelo de comboio fica ainda mais próxima: O comboio dá voltas e mais voltas, ziguezagueando de um lado para o outro, usando as vertentes do pequeno vale para ganhar altitude. A certa altura, ele faz uma notável rotação completa de trezentos e sessenta graus—circulando em torno de si para aceder a uma ponte construída acima—para então continuar na mesma direcção num viaduto erguido acima do seu nível anterior. Mesmo numa maquete de contraplacado na cave isto seria um *tour de force*[186]. É difícil

---

186 N.T. esforço excepcional

para nós vermos por nós próprios, agora mesmo, o porquê do comboio precisar desta elevação, porém é fácil imaginar que certamente isso acontecerá. Os engenheiros devem ter calculado a elevação de que precisariam a quilómetros de distância, mais acima na passagem, então começaram a subir os trilhos até aqui. Agora estamos a olhar para as aldeias pitorescas, abaixo e atrás de nós, enquanto nos dirigimos para o topo do desfiladeiro.

Numa estação denominada Miralago—Lakeview—nós olhamos para o Lago di Poschiavo e vemos, ao longe, sob um céu nublado e acima da serena superfície acinzentada do lago, o flanco sul dos Alpes. E agora, tendo subido acima da vida quotidiana e ordinária da cidade, estamos prontos para tomar o ponto de vista do filósofo. Nietzsche, jorrando sobre como a música de Bizet o faz sentir mais como um filósofo, descreve este ponto de vista da seguinte forma:

> O cinzento céu da abstracção rasga-se como se por um relâmpago; a luz suficientemente forte para a filigrana das coisas; os grandes problemas suficientemente perto para compreender; o mundo pesquisado a partir de uma montanha— eu acabo de descrever o *páthos* da filosofia.[187]

O ponto de vista do filósofo é ainda uma perspectiva, não uma visão de Deus—ainda é terrena e humana. Porém é uma perspectiva diferente da quotidiana, preocupada não com a obtenção das coisas mas com o valor e importância delas. Posicionados alto o suficiente para ver acima e além das pequenas coisas, nós estamos prontos para considerar a vida como um todo e ponderar acerca dos seus possíveis significados.

DIRIGIMO-NOS directamente para aquelas montanhas que

---
187   CW 1

anteriormente ficavam à distância e logo estamos entre elas, passando por passagens que de longe não eram aparentes. É uma maravilha da engenharia, esta linha de comboio, moldada na rocha, girando entre penhascos e pequenos lagos de montanha. Várias vezes o comboio alterna para lá e para cá por via de curvas fechadas para subir uma vertente da montanha; em determinados pontos não há outra maneira de continuar para cima senão por túneis. Tudo quanto os engenheiros precisaram de fazer, eles fizeram, e agora nós ascendemos sem esforço pelos Alpes.

Existem, com certeza, sinais de civilização pré-ferrovia também aqui. Os Romanos passaram por aqui séculos atrás (e é por isso que em Sils estaremos a falar uma língua chamada Romanche), e a passagem de Bernina permaneceu estabelecida durante pelo menos vinte séculos. A estrada antiga, agora bem pavimentada, divide o espaço com o direito de passagem da ferrovia. Ao longo da combinada passagem rodoviária / ferroviária, as minúsculas cidades agarram-se a uma montanha ou agacham-se num pequeno desfiladeiro. Aqui e ali, rebanhos de vacas ou ovelhas bebem de um riacho da montanha.

À medida que subimos, entretanto, a civilização diminui e o cenário torna-se simplesmente de fazer cair o queixo. Cada curva traz outra vista—imponentes amontoados de rochas com solidéus de neve, separados por mergulhantes vales de terrenos relvados. Às vezes, a passagem pela qual estamos a viajar aprofunda-se num pequeno lago, a verde água torna-se leitosa pelo escoamento glacial. Às vezes, à distância, podemos ver uma cascata, ou até mesmo um campo de neve. A dada altura chegamos nós suficientemente perto para ver a neve ao lado dos trilhos, afastando-se de nós como um rio branco. E sempre há as montanhas, enormes e inevitáveis, destacando-se da terra pela magnitude delas.

HÁ ALGO sobre a visão de montanhas à distância que eleva a alma. Em parte, é simplesmente porque responder à verticalidade duma montanha requer levantar a cabeça. Mas é também porque responder à elevação e severidade duma montanha requer a activação de energia e atenção—a pessoa sente-se desafiada pelas montanhas. E ainda ao mesmo tempo a sua imóvel imensidão fornece calma e tranquilidade. Em suma, é preciso tornar-se em si mesmo uma montanha para observá-las adequadamente. Abrindo os nossos olhos para altas montanhas, nós preparamo-nos para viver segundo os nossos mais elevados eus.

Fico estático na parte de trás da carruagem, bem rente à janela panorâmica, olhando fixamente para as fileiras de distantes picos enquanto retumbamos pelo telhado da terra. Eu imagino estender os meus braços para aquelas montanhas e ao redor delas, dando um abraço impossível ao nosso massivo planeta, objecto do amor de Zaratustra:

> Permaneçei fiéis à terra, meus irmãos, com o poder da vossa virtude. Deixai que o vosso presenteado amor e o vosso conhecimento cumpram o significado da terra... Infelizmente, sempre tem havido tanta virtude que tem voado para longe. Levai de volta à terra a virtude que voou para longe, como eu faço—de volta ao corpo, de volta à vida, para que possa dar à terra um significado, um significado humano.[188]

Algumas pessoas, nesta elevação, pensariam em si mesmas como mais próximas do céu, no entanto, para Nietzsche, considerar a terra a partir duma altura apenas conduz a um amor mais feroz por ela, e a uma determinação de não viver como uma alma imaterial nem meramente esperar por uma inconsequente extramundana vida após a morte. Esta terra,

---
188 Z I.22.2

em toda a sua beleza física, clama pelo significado que lhe poderíamos dar.

Uma linha de Nietzsche que é frequentemente citada nos dias de hoje é esta:

> "Quando tu olhas para o abismo, o abismo também olha longamente para ti."[189]

Mas na verdade ele olhava para cima com muito mais frequência do que olhava para baixo, e ele inspirou-se continuamente nas montanhas. Nietzsche não é um filósofo do vale, ele é um filósofo da montanha, e eu sinto que estou a recuperar o meu contacto com o espírito dele só de olhar longamente para estas montanhas.

EM ALGUM momento, o comboio alcança o Passo Bernina. Não há sinalizador; apenas gradualmente se percebe que a subida terminou e o comboio agora desce suavemente. Há indicadores, é claro—os córregos e as inundações por degelo correm agora na mesma direcção do comboio, em vez de se moverem para trás de nós. O cenário também muda. Em vez de irregulares depósitos rochosos e geleiras, há agora vegetação selvagem. Posteriormente há vegetação cultivada e ainda mais ulteriormente há residências.

Os trilhos do comboio agitam de um lado para o outro pela estrada asfaltada e os ziguezagues são tão próximos que uma das extremidades do comboio pára o tráfego num cruzamento para baixo, enquanto a outra extremidade ainda está a parar o tráfego num outro cruzamento lá atrás. Depois da despida rocha no topo das montanhas há agora florestas, e estamos próximos o suficiente dos caminhos pedestres que podemos observar e, se

---

189 BGE 146

o comboio parar suficientente perto, até mesmo ler os sinais direccionais pelos caminhos. Tal proximidade entre uma linha de comboio em funcionamento e caminhos pedestres não poderia acontecer nos Estados Unidos. Caminhar na Suíça é mais civilizado, mais domesticado do que na América, apesar da dramática severidade dos Alpes. Realmente isto atrai-me mais—eu não acredito que a beleza natural exista somente quando intocada pelos seres humanos. Os humanos podem melhorar as coisas, torná-las mais bonitas, trabalhando com a natureza. Em vez de ver uma oposição entre apreciar beleza e criá-la, nós deveríamos pensar na nossa actividade criativa contribuindo juntamente com beleza, tal como os jardineiros preparando Glórias-da-manhã para crescerem numa latada, ou os engenheiros talhando uma íngreme via-férrea ao longo de uma encosta ou os escritores validando como histórias as vidas que eles realmente têm vivido.

Após a nossa espectacular viagem de Tirano pelo Passo Bernina, cruzando o topo do mundo e descendo até à Suíça— um passeio de comboio saído da fantasia de uma criança, deslizando através de uma paisagem de sonho, um mundo de vegetação e aldeias pitorescas, carris colocados quanto a um modelo de comboio, lagos imaculados, passagens de nível através de caminhos pedestres, igrejas no meio de encostas alcançadas somente a pé, trilhos de comboio imbricados com a estrada—depois de observar embasbacado para geleiras e lagos sem ondulação, depois de estender a mão e de tocar as nuvens nas pontas das montanhas no telhado do mundo, nós aterramos de novo em St. Moritz (como se o comboio tivesse sido um avião e agora aterrássemos no chão novamente) e encontramos o autocarro que nos levará até Sils Maria.

Vivendo Perigosamente

NOS ESTADOS UNIDOS, quando falamos de uma cidade de duas ruas nós queremos dizer duas ruas que se cruzam em ângulos rectos, uma correndo de leste para oeste e a outra de norte para sul, formando uma cruz e dividindo a cidade em quadrantes. É uma clássica modalidade Americana.

Sils, no entanto, é uma cidade de duas ruas de um tipo muito diferente: há um total de duas ruas em toda a cidade. "De primeira classe como paisagem," disse Nietzsche sobre isto,[190] e aqui está a configuração: A cidade fica no meio de um desfiladeiro glacial que corre de nordeste para sudoeste, com apenas cerca de mil metros de largura, medido de noroeste para sudeste. "Desfiladeiro glacial" significa que é totalmente plano no meio, com lados íngremes e rochosos. Para o sudoeste é o Lago Sils, a nordeste do Lago Silvaplana. Ao longo da borda noroeste, do outro lado dos lagos e em frente à montanha conhecida como Piz Polaschin (Piz é a palavra Romanche para pico), corre a estrada principal entre St. Moritz (no extremo Suíço) e Chiavenna (no extremo Italiano). Cruzando a estrada principal em dois pontos, a cerca de um quilómetro de distância, estão as duas ruas, que correm por cerca de um quilómetro cada uma até se cruzarem na praça da cidade de Sils. As duas ruas mais a estrada principal formam assim não uma cruz mas um triângulo equilateral entre os dois lagos. Ao longo das duas ruas há uma mistura de hotéis, residências, escritórios e empresas,

---

190   Carta para Peter Gast, 2 de Setembro de 1884 = Middleton # 126

agrupados em duas partes: uma maior, onde estão localizados o nosso hotel e a Nietzsche-*Haus*, chamada Sils Maria, e uma menor, mais próxima da rua principal, chamada Sils Baselgia. No centro do triângulo encontra-se um vasto campo aberto repleto de flores silvestres desabrochando.

Chegamos a Sils na hora certa. O ponto principal do esquema de três residências de Nietzsche—Nice no inverno, Sils no verão, Turim na época baixa—era para estar no lugar certo no tempo certo do ano. O nosso seguimento nos passos dele tem na maioria das vezes falhado o ponto. Nós não temos um ano inteiro para fazer isso, apenas duas semanas, e ao contrário de Nietzsche, temos as obrigações do ano lectivo. O tempo que temos disponível para fazer esta viagem é o final de Junho e o início de Julho, sem outras opções. Quando estávamos em Nice estava muito quente, e quando estávamos em Turim ainda estava demasiado quente. Entretanto, em Sils, nós temos feito na medida do possível—nós chegamos no início do verão, quando as flores silvestres Alpinas desabrocham.

Imagine um inteiro prado cheio de pelo menos dezassete variedades diferentes de flores silvestres—algumas familiares na América, outras autóctones dos Alpes, uma ditosa cacofonia de azul-claro e azul-escuro e branco e lavanda e laranja e rosa e amarelo—o belo resultado da mortalmente séria luta evolucionária para obter a atenção das abelhas. Não é de admirar que Nietzsche voltasse nesta época todos os anos. Esta paisagem, escreveu ele, "é íntima e familiar para mim, relacionada a mim pelo sangue, e por mais do que sangue."[191]

NÓS DESCEMOS do autocarro de St. Moritz numa pequena *platz*[192] entre dois hotéis e caminhamos para trás

---

191   WS 338, traduzido e citado por Krell & Bates 150.
192   N.T. praça

talvez cinquenta metros para o Hotel Seraina.¹⁹³ Agora é a vez de Vicky tomar a liderança do idioma. Eu tenho que admitir que o Alemão enferrujado dela faz muito melhor do que o meu atulhado Italiano de Berlitz, pois ela consegue registar-nos sem incidentes e sem ópera.

A maioria dos quartos do hotel estão numerados, no entanto as suítes têm o nome de flores Alpinas. A nossa suíte é Enzian, que é uma pequena flor azul especialmente bonita, por isso temos o prazer de a chamar de lar. Subimos as escadas, destrancamos a porta e entramos. Há um pequeno corredor que vai da porta e depois vira numa esquina, e então nós entramos na parte principal da suíte e os nossos queixos caem.

Ali na nossa frente há uma janela de dois andares, e do outro lado do vidro está Piz Polaschin, o qual de alguma forma parece maior e mais próximo quando emoldurado desta maneira, preenchendo por si próprio toda a janela. Isto honestamente parece por um minuto como se aquele lado da suíte consistisse num muro de dois andares, composto por uma montanha Alpina coberta por prados de relva verde-claros e por bosquetes de pinheiros verde-escuros conduzindo a cinzentos picos ásperos e denteados.

Após o inicial choque visual, nós podemos ver que há alguma distância entre a nossa janela e a montanha. Esta distância contém um chalé encantador com um telhado de ardósia justamente do outro lado da rua e, do outro lado do chalé, um regato borbulhante que corre paralelo à rua através de um canal de pedra providenciado para isso. Logo depois do arroio há aquele campo incrível repleto de flores silvestres, estendendo-se perfeitamente plano até à estrada principal no outro extremo do vale glacial. É uma vista incrível e é uma visão que vamos passar a maior parte do tempo a observar ociosamente na suíte.

---

193 O nome é um cognato da palavra Inglesa "serene", reflectindo o lado Latino do Romanche.

A NIETZSCHE-*HAUS* fica a apenas duzentos metros do nosso hotel. Parece exactamente como nas fotos que eu vi—um prédio quadrado de dois andares sob um telhado íngreme de estilo Alpino. A única coisa que as fotos não conseguiram mostrar é que a casa está afastada da rua, permitindo uma pequena passagem e uma abordagem um pouco dramática—pelo menos para quem já pensara em vir aqui ao longo de tantos anos.

No momento em que lá chegamos está isto fechado, durante o dia, então tudo o que eu posso fazer é explorar o exterior. Primeiramente viro para o lado direito da casa, sabendo que esse é o lado da janela de Nietzsche. A parte traseira da casa está encostada ao monte, assim você não pode passear à volta facilmente—algo que não é aparente a partir das fotos que eu tenho pesquisado. Portanto circulo para verificar o outro lado e lá encontro uma surpresa—um depósito de livros. Uma placa em Alemão diz (até onde eu consigo decifrar) que se trata de uma troca de livros e que qualquer um pode pegar e / ou deixar livros por empréstimo, apenas os tomadores devem por favor devolver os livros sem muito atraso.

Algo acerca disto toca a minha fantasia. Talvez seja a ideia para que Nietzsche, o qual viveu uma vida tão isolada, com tão poucas pessoas com quem discutir as suas ideias, deva agora ser o portal para outros intelectuais compartilharem os livros deles uns com os outros. Com certeza, ele não estava tão isolado aqui em Sils Maria quanto em outros lugares. Sabemos que havia outros hóspedes regulares na casa de Herr Gian Durisch—Nietzsche regista uma vez o seu aborrecimento por ter que largar a caneta para se despedir de um deles que estava de partida no final da temporada—e outros visitantes sazonais da cidade com quem Nietzsche tinha iniciado amizades. Ainda assim, acho que ele ficaria contente em saber que a sua casa agora aloja uma troca de livros.

NA MANHÃ seguinte, nós retornamos a Nietzsche-*Haus*, passeamos pelo prédio à direita e encontramos o caminho que começa debaixo da janela de Nietzsche. Eu sabia acerca disto porque há uma foto no livro de Krell e Bates, tirada de dentro do quarto de Nietzsche. Assim que vi a foto eu quis percorrer esse caminho, pois a única maneira de descrever esse caminho naquela foto é dizer que ele está a *acenar*. Imagino Nietzsche sentado à escrivaninha, rabiscando algumas palavras, olhando para cima, olhando solicitamente pela janela e dizendo para si mesmo: Para o inferno com a filosofia; vou percorrer esse caminho (ou palavras para esse efeito em Alemão). E agora, aqui estamos nós, logo abaixo da janela, prontos para ir.

Nós seguimos o caminho, mais uma vez nos literais passos de Nietzsche. Chegando ao final da primeira subida pelos bosques nas traseiras de Nietzsche-Haus, os nossos doze olhos vêem o mesmo prado Alpino que os dois olhos dele viram há cento e vinte e cinco anos, tão gloriosamente cheio de flores silvestres quanto estava na década de 1880, acredito eu. É um prado de vários hectares, cercado por árvores, cercado por montanhas. Tudo à nossa volta é milefólio branco, hieracium alaranjado, gerânio cor-de-rosa, lavanda thalictrum, genciana azul, e aquela côncava planta azul-escura que não sabemos o nome e, em geral, o bem-estar Alpino.

O caminho sobe mais, entra de novo na floresta e volta para o leste. Em torno de uma curva há um grupo de vacas, dispersas pelas árvores, à procura de pedaços de erva, os sinos delas tilintando tranquilamente. Os antepassados delas certamente contavam-lhes histórias acerca daquele homem muito estranho, Herr Doutor Professor Nietzsche, que caminhava infalivelmente nesta época do ano.[194] Estas vacas,

---

194 Estudantes de filosofia Alemã vão reconhecer a alusão a Kant, cujas caminhadas tar-

a propósito, chegaram aqui da mesma maneira que nós, de comboio. Sim, as vacas Suíças tiram férias de verão—tendo suportado o inverno Suíço nos seus celeiros comendo feno, são transportadas por comboios especiais até aos prados Alpinos durante o verão, para se deliciarem com erva verde e deleitáveis flores e para se livrarem do *stress* a fim de que o leite fique doce. São férias de verão melhores do que as da maioria dos humanos, acho eu.

De seguida mais bosques e mais flores silvestres: trollius amarelo e campânula dos Cárpatos. Os únicos edifícios são casas de quintas e celeiros isolados.

Perto de um destes celeiros, num local que o mapa identifica como Alp Prasüra (elevação de 1950 metros), o caminho torna-se confuso. Estou a tentar seguir uma descrição do prospecto que recebemos no hotel, escrito por alguém que dá passeios guiados e que afirma serem os próprios percursos de Nietzsche. Eu estou um pouco desconfiado dessas rotas—algumas delas sobem bastante a encosta da montanha e eu não acho que Nietzsche tenha ido tão alto, já que a sua pobre visão dificultaria a superação de caminhos íngremes. Numa carta para a sua mãe, ele diz que os caminhos "precisam de ser especialmente organizados para mim, meio cego como eu sou."[195] A minha aposta é que ele permaneceu a maior parte nestes níveis mais baixos, nunca muito longe do nível do desfiladeiro glacial. Os mais comuns passeios dele, tanto quanto eu sei, percorriam os dois lagos ou, no máximo, subiam apenas um pouquinho para Val Fex.

De qualquer forma nós estamos a tentar seguir uma das rotas do panfleto, porém a descrição do caminho não corresponde exactamente ao que estamos a ver. Assim sendo, nós

---

dias eram tão regulares, dizia-se, que as donas de casa de Königsberg ajustavam os seus relógios pela sua passagem. Eu tenho a certeza que Nietzsche teria ficado perfeitamente feliz se os únicos utensílios de medição do tempo, os quais poderiam ser definidos de acordo com os movimentos dele, fossem os calendários.

195 Ver Krell e Bates 122

ficamos parados por algum tempo e experimentamos algumas opções diferentes, dando cada um alguns passos para ver qual a aparência dos caminhos um pouco mais adiante. Outro grupo de caminhantes surge e aponta-nos o caminho que eles acham que devemos procurar, então seguimos em frente. E por um tempo está tudo bem, correndo transversalmente ao longo da encosta da colina, o caminho continua ladeado de flores silvestres. De tempos a tempos, ao longo da ladeira acima, belas pequenas cascatas aparecem, formadas a partir de regatos que descem a vertente da montanha, juntamente com *alpenmohn* e aquela flor azul da meia-noite que cresce em simultâneo e a qual ainda não sabemos o nome. Após alguns minutos nós caminhamos sob uma linha de teleférico que, embora ainda não saibamos, estaremos a utilizar amanhã.

O caminho é tão amplo e encantador que ficamos perplexos ao ver sinais que anunciam "*Holzschlag*", com um grande ponto de exclamação num triângulo. Nós não entendemos isto em absoluto. Aprendemos ontem à noite ao jantar que *schlag* é a palavra Alemã para chantili—as crianças acharam isto hilariante—e, ao ver este letreiro, Eli diz: "Dá-me o profiterole mas *holz* the *schlag*." Mas não parece existir qualquer chantili neste caminho de montanha, nem qualquer perspectiva para algum até que regressamos nós ao fundo do vale e encontramos o nosso restaurante para o almoço. Então, a que estão eles a referir-se?

Mais adiante, o caminho ainda é amplo e adorável, no entanto há outros sinais noutros idiomas e casualmente encontramos um que diz: "*Coupe de bois*", e eu lembro-me, na minha viagem a Paris anos atrás, do grande parque chamado Bois de Boulogne, portanto eu sei que isso significa "madeira" e *coupe*, é claro, significa um golpe ou uma pancada. Mas só depois de termos avançado muito mais é que nós começamos a ver árvores derrubadas. O caminho torna-se agitado com galhos e ramos caídos, os detritos da extracção de madeira—ao que chamamos no Maine de "slash", e percebemos que nos deparamos com um lugar onde a floresta está a ser industriosamente desmatada. Os sinais com grandes pontos de exclamação em triângulos foram feitos para nos dizer para não virmos por aqui.

Por enquanto, porém, estamos bem no caminho que iniciámos em Alp Prasüra e a perspectiva de retroceder é bastante desanimadora. Nós esperávamos caminhar para o leste ao longo da encosta da montanha o suficiente para que, quando descêssemos, ficássemos ao lado da famosa pedra em forma de pirâmide em que Nietzsche pensava no eterno retorno e na qual esperávamos encontrar a placa com uma citação de *Zaratustra* comemorando a ocorrência. Não tínhamos a intenção de percorrer uma zona de exploração madeireira, ao longo de sinais alertando-nos para não fazê-lo.

Vicky e eu considerámos as opções e decidimos continuar. As três crianças mais jovens estão horrorizadas com a nossa imprudência, mas Sam está estupefacto. Ele promete arranjar-me uma *t-shirt* quando regressarmos que diz WWND[196]. E o que *faria* Nietzsche? O Nietzsche real, como tenho dito, não teria sido capaz de superar um caminho tão cheio de obstáculos. Mas Sam está certo: O Nietzsche espiritual, aquele que exortou os seus leitores a viverem perigosamente, teria continuado, sabendo que esse era o *seu* caminho escolhido, o conducente à *sua* situação e objectivos, e que realmente teria apreciado o *frisson* do possível perigo.

E assim fazemos, enquanto calcorreamos com dificuldade através de *slash* que eventualmente se torna tão basto, nós estamos a caminhar tanto quanto um metro acima da vereda, a tropeçar na tralha e ocasionalmente a perder o equilíbrio, ouvindo atentamente o som de motosserras. No final, porém, não encontramos lenhadores em acção e deste modo temos a combinação ideal: a emoção de viver perigosamente sem qualquer perigo real.

---
196 N.T. What Would Nietzsche Do

DEPOIS de remover as folhas e lascas de madeira das nossas roupas, e tendo encontrado o amplo e fácil caminho que percorre o Lago Silvaplana, nós estamos mais uma vez, verdadeiramente e inegavelmente, nos efectivos passos de Nietzsche. Este é um caminho que, tenho eu a certeza, ele percorreu frequentemente, indo em direcção à pedra que ele tornou famosa. Apesar da longa quantidade de tempo que passamos no *holzschlag*[197], nós não temos feito realmente muito progresso para o leste, portanto ainda temos uns razoáveis trajectos para ir ao longo do caminho do lago. Nós vemos outros caminhantes e, agora que o chão está nivelado, vários ciclistas indo em ambas as direcções. A atmosfera é algo parecida com a de um grande parque urbano: Bois de Boulogne, Kensington Gardens, Central Park. Tempo de sobra para imaginar Nietzsche e a sua bengala naquele dia, admirando a ondulada água azul e respirando fundo o cheiro fresco dos pinheiros.

Nós contornamos uma esquina e lá está a pedra. Sim, é como nas fotos que eu vi mas ainda há algo especial em vê-la pessoalmente e poder tocá-la.[198] É tão alta quanto eu e realmente tem a forma de uma pirâmide. Eu reconheço-a imediatamente como um bloco errático. O termo vem da palavra em Latim para vaguear—são pedregulhos que foram carregados pelos glaciares e depois deixados para trás quando os glaciares se derreteram. Eles são bastante comuns no Maine. Eu tenho visto blocos erráticos de todos os tamanhos e formas em todos os tipos de lugares, mas nunca um assim anteriormente. A sua impressionante forma piramidal e a sua posição ao lado do lago fazem-me pensar se a história geológica deste pedregulho pode ser diferente daquela dos comuns blocos erráticos.

---
197 N.T. desflorestamento
198 Nietzsche frequentemente pedia às pessoas com quem ele caminhava até ao local para se sentarem no pedregulho; veja Krell e Bates 156.

E de repente acho que entendo por que Nietzsche pensava no eterno retorno apenas aqui. Você fica ao lado desta pedra notável e de formato único, e reflecte sobre quanto tempo está ela assentada ali naquela forma, e olha através deste lago intocado para as incríveis montanhas quase verticais do outro lado do vale, e considera como os Alpes, apesar de serem montanhas relativamente novas, são incrivelmente velhos e estão nessa posição há muito, muito tempo—muito antes de existirem estradas neste vale, muito antes da chegada dos Cohens, muito antes da chegada de Nietzsche, muito antes da formação dos cantões Suíços, muito antes da chegada de falantes Alemães, muito antes da chegada dos Romanos, muito antes dos Cro-Magnons e Neanderthals vaguearem ao longo, ano após ano de silêncio, da bela água azul ondeante.

E você pode encontrar-se reflectindo sobre os processos naturais que ocorreram na criação desta cena: a formação do planeta, o progresso e a retirada dos glaciares, o assentamento desta pedra aparentemente permanente quando o último glaciar retrocedeu. Você pode muito bem considerar como este mundo de átomos e moléculas continuamente se move e muda e como o que parece ser permanência não é tal coisa realmente, apenas um momento no fluxo eterno que permanece estável um pouco mais do que os efémeros humanos, os quais o consideram permanente. Você pode muito bem começar a pensar, profundamente, *e se* o fluxo do mundo seguir o seu curso e repetir-se, de novo e de novo, eternamente, trazendo este pedregulho outra vez para este mesmo lugar, e proporcionando a si repetidas vezes ficar ao lado dele e admirá-lo—qual seria a sua reacção?

E Nietzsche certamente afirmou o eterno retorno naquele momento, posicionado naquele ponto intemporal, emocionado pela sua ideia, tão diferente da tradicional ideia religiosa de que este mundo é apenas um temporário vale de lágrimas, uma antecâmara até chegarmos ao verdadeiro céu, um lugar sem mudança, sem característica alguma. Ele claramente sentiu-se empolgado por estar em contacto com essa forma de atemporalidade através do seu abraço naquele exacto momento e com a essência da pessoa que ele era, destinada a ter este pensamento neste preciso lugar, e assim capaz de afirmar que ele quereria ter esse pensamento e ser essa pessoa reiteradamente em toda a eternidade, "gritando insaciávelmente *da capo*"[199] É um pouco como a auto-afirmação de ter vivido perigosamente e sobrevivido.

Num anterior capítulo eu citei Krell objectando a ideia de que as ideias de Nietzsche poderiam ser proveitosamente conectadas a sítios específicos, porém omiti um parágrafo que eu acho que será mais relevante agora:

> A influência do local de trabalho sobre o trabalho não pode ser reduzida ao local, servindo este como um reservatório de metáforas disponíveis—camadas de neve como pureza e rigor de pensamento, o mar como ritmo e fecundidade na escrita. As metáforas são bastante ricas, sem dúvida; no entanto a função delas é altamente complexa. E os lugares em si—os seus odores, cores, sons, silêncios, praticamente tudo o que entra na *percepção* deles—são inesgotavelmente ricos. Bem acima da costa do Mediterrâneo ou nas margens do Lago Silvaplana, é difícil distinguir o veículo a partir do teor da metáfora.[200]

Krell parece estar aqui a dizer duas coisas. Por um lado, as metáforas que surgem de um local são superficiais—camadas de neve em relação a pureza, pedregulhos em relação a resistência através do tempo. E por outro lado, qualquer lugar será inesgotavelmente rico em possíveis metáforas, e então Nietzsche naquela manhã cintilante de Agosto de 1881

---

199 BGE 56 - *da capo* é um termo musical, que significa literalmente "desde o princípio", instruindo os músicos a tocar a mesma peça novamente desde o começo.
200 Krell e Bates 6

poderia muito bem ter sido induzido pelo pedregulho para meditar acerca da *ir*-repetibilidade de momentos tanto quanto a recorrência deles. Como Krell também assinala, Nietzsche tinha estado em pensamentos semelhantes ao eterno retorno, retornando pelo menos aos seus dias de estudante.[201]

Mas ainda não estou convencido disto. Claro, Nietzsche poderia ter tido o pensamento da recorrência noutro lugar, e é claro que ele poderia ter tido outros pensamentos sentando-se perto do pedregulho—e para esse assunto certamente o fez, já que ele seguramente voltou aqui muitas vezes durante a década de verões que passou em Sils. Mas *não desfazendo* Krell, eu consigo entender como tinha ele esse particular pensamento naquele lugar em particular. E sabendo o lugar onde ele o tinha, penso eu, isto ajuda a entender como o pensamento de Nietzsche do eterno retorno combina a permanência e a mudança contínua, o pedregulho e o lago, as montanhas e o céu. Pois apesar do pedregulho e das montanhas parecerem permanentes, eles são apanhados em padrões de mudança tal como a água e as nuvens; embora a água e as nuvens pareçam a essência da impermanência, elas ainda assim mantêm a mesma realidade repetidas vezes, substituídas por diferentes gotículas de água mas ainda permanecendo o mesmo lago e o mesmo céu. Conquanto ele possa ter tido muitos pensamentos diferentes nesse particular ponto, ainda é fácil entender como ele tinha esse pensamento particular naquele ponto em particular. E mesmo que eu tenha encontrado esse pensamento pela primeira vez durante a leitura de *A Gaia Ciência* numa biblioteca universitária, definitivamente eu sinto que compreendo isto melhor—compreendo isto no âmago dos meus ossos, no âmago dos meus olhos e em torno da minha pele—ao ficar junto do pedregulho piramidal do Lago Silvaplana, "seis mil pés além do homem e do tempo."[202]

---

201   Krell e Bates 5
202   Livros EH.Z.1

NÓS os seis contemplamos o pedregulho por um minuto ou dois, depois começamos a procurar a placa. E não conseguimos encontrá-la. Olhamos e olhamos, e não conseguimos descobri-la. Não está afixada no próprio pedregulho, coisa que eu tinha expectado. Não está nas pedras próximas. Não está escondida nos arbustos. Nem mesmo está afixada na parte lateral do pré-fabricado anexo que foi instalado convenientemente próximo.[203]

Nós olhamos e olhamos, e os outros estão a ficar cansados de olhar, mas eu realmente não quero sair sem a ter visto. Afinal de contas, eu fiz quase quatro mil milhas para ver essa placa e não consigo imaginar sequer a retornar novamente deste modo—não nesta particular iteração da recorrência do cosmos, pelo menos. Mas definitivamente Vicky convence-me a desistir. É bastante tarde, bem depois da hora do almoço. As crianças vão perder a paciência. Mais, parece que vai chover. Então eu desisto, um malsucedido capricho em relação a Nietzsche, condenado a nunca mais encontrar a famosa placa por toda a eternidade.

Antes de sairmos daqui, nós encontramos um transeunte que vai tirar a nossa foto. Sam entrega-lhe a sua câmera. Nós alinhamo-nos e sorrimos. O nosso fotógrafo contorce o seu dedo e o momento é preservado eternamente. Esta foto está agora na cómoda do nosso quarto. Eu vejo-a todas as manhãs quando me visto e pego nas minhas chaves e verifico a carteira. Aí está—o momento em que afirmei o eterno retorno.

Pois lá estamos todos juntos, a nossa ordem de tamanho combinando com a nossa ordem de idade (um momento no tempo que passou durante um ano ou dois após o qual Eli

---

[203] Sim, realmente—o preço do turismo Nietzsche, suponho eu. Há também uma mesa de piquenique lá. Certamente não existiam em 1881, então acho que isto é outra ilustração de como é impossível reviver a experiência de Nietzsche.

e Miriam dispararam para serem mais altos do que os seus irmãos). Todos os seis estão saudáveis e felizes, felizes *juntos*, tendo caminhado, tendo adorado as flores silvestres e sobrevivido ao *holzschlag* juntos.

É um momento que eu repetiria para sempre, apesar de implicar trazer todas as fraldas, birras, noites sem dormir, conversas interrompidas e perda de tempo de escrita. É uma família que funciona e eu faço parte da equipa que a faz funcionar. Eu ficaria feliz em ficar com eles para sempre naquele lago, naquele mesmo dia, naquele exacto momento.

NÓS encontramos o almoço na aldeia de Silvaplana na extremidade do lago, de seguida o autocarro para casa, usando passes gratuitos fornecidos pelo hotel. E quando nos espalhamos na suíte para descansarmos, nós descobrimos que isso não é tudo o que o hotel faz por nós.

Por exemplo, as camareiras parecem ter notado que alguns de nós desmantelaram os *duvets* durante a noite, usando os lençóis mas não os pesados edredões dentro. Ao invés de roboticamente reagruparem tudo, como usualmente fazem as arrumadeiras de hotel, pela nossa experiência, as camareiras em Seraina dobraram e guardaram os pesados edredões e como alternativa substituíram os *duvets* com um enchimento mais leve e mais fino. E elas fizeram isso apenas para aqueles de nós que separaram os *duvets*—Rosie, que gosta de grossos e pesados, ainda lá encontra o seu *duvet*, uniformemente alisado apenas na sua metade da cama que ela está a compartilhar com Miriam, cujo *duvet* foi alterado. Em toda a suíte, as camas foram preparadas e as mesinhas-de-cabeceira arrumadas com uma apurada sensibilidade em relação à forma como elas parecem estar a ser utilizadas. As camareiras têm mesmo alinhado por nós os nossos artigos de higiene no quarto de banho. Estamos maravilhados com os Suíços.

Mas isso não é tudo. Enquanto nos acomodamos, o telefone toca. Eu respondo. É alguém do pessoal do hotel. É um pouco assustador que eles tenham observado o nosso regresso, mas isto, ocorre que, é apenas metade da vigilância deles.

"Foi notado no pequeno-almoço," diz a senhora ao telefone, "que você não verte leite para si próprio." Estamos nós com problemas por não termos obtido o nosso cálcio e vitamina D? Pergunto-me eu. Decido enfrentar a inquisição de uma maneira franca.

"As crianças gostam de leite," digo eu, "apenas eu e a minha esposa é que não." Mas eu julguei mal a senhora.

"Você pode gostar de outras formas de leite, tal como leite de soja?"

"Hum, sim, a minha esposa e eu gostaríamos muito disso."

"Vocês o terão amanhã. Adeus." E ela desliga.

Isto, meus amigos, é o meu tipo de hotel. Nietzsche orgulha-se em *Ecce Homo* de que "as velhas vendedoras ambulantes de Turim não relaxarão até encontrarem as suas uvas mais doces para mim."[204] Certamente esta foi uma linha que elas sustentaram para todos os clientes crédulos, mas este em especial, demasiadamente educado, claramente engoliu isto por completo. Nós, penso eu, não estamos a ser igualmente iludidos—eles realmente estão a cuidar bem de nós.

---

204 EH books.2

Perspectivismo e a Vista de Cima

NO DIA seguinte é o 4 de Julho, todavia o facto de que é o Dia da Independência nos EUA não podia importar menos aqui na região de Engadine na Suíça. Tal é a diferença nas nossas perspectivas.[205]

O que importa é que o dia se torne claro e bonito, um dos dias mais bonitos que eu já passei, o céu sem nuvens, os pinheiros banhados pelo sol e o ar fresco da montanha nos pulmões. Nós também temos esse tipo de dia no Maine, apenas não tão alto. Acordando no Hotel Seraina a uma altitude de 1800 metros mais dois lanços de escada, os Viajantes Profissionais já estão mais elevados do que qualquer lugar no Maine—Mt. Katahdin encabeça a 5271 pés e Mt. Blue, conforme o qual a escola secundária de Farmington é designada e que podemos ver à medida que nos ocupamos do nosso dia-a-dia, está apenas a 3186 pés. E a partir deste já elevado ponto de partida nós ganharemos hoje alguma séria altitude. Literalmente o ponto alto da viagem.

Nós levantamo-nos, descemos para o pequeno-almoço, e de facto na nossa mesa há um jarro de leite de soja ao lado do leite habitual. Vicky e eu vertemo-lo sobre um delicioso *muesli* enquanto as crianças se deliciam com queijo, pão, iogurte e

---

[205] Gostaria de dizer que pelo menos isto é um facto, não uma perspectiva, que em ambos os países é hoje o quarto dia no mês de Julho? Mas há outros calendários com os quais as pessoas contam, então isto é perspéctico uma vez mais. Mas não é isto ainda o mesmo dia, por mais que você o rotule? Não, nem mesmo isso—no momento em que acordamos no dia 4 de Julho em Sils Maria, na Califórnia ainda é 3 de Julho.

pastéis. De seguida estamos fora de portas para apanhar o autocarro para a estação de teleférico mais próxima.

Há muitas delas no vale de Engadine, porém esta é a única em Sils. A edificação está toda preparada para o esqui—o piso tem espaço para escoar a neve derretida das botas e esquis—e é muito menos movimentada do que seria no inverno, imagino eu. As linhas de cabos levam-nos até à encosta de Piz Corvatsch. Olhando para baixo, nós detectamos o caminho por onde andámos ontem. Depois de deslizar rapidamente sobre as encostas mais baixas, verdes e floridas, o teleférico atraca acima da linha de árvores, a meio caminho da vertente da montanha, num lugar chamado Furtschellas, com 2312 metros de altitude.

Todos os demais no teleférico prontamente seguem para o caminho pedestre que começa à direita da estação do teleférico. Nós circulamos e tentamos decidir qual caminho a seguir.

Antes de sairmos de casa, Vicky visitou um *website* chamado "Swiss Panorama *Wanderwege*" (literalmente "wander ways")[206], o qual tinha muitas sugestões para percursos. Havia informações sobre altitude abrangida, grau de dificuldade e serviços disponíveis. Entre os muitos que ela encontrou estava um que começa em Furtschellas, segue para oeste (isto é, à nossa direita quando saímos do teleférico) ao longo da encumeada, e depois desce para Val Fex e para Isola, uma pequena cidade na margem sul do Lago Sils. O *website* afirmava que este peculiar trajecto apresenta "Excelente vista dos lagos de Engadine Superior e até o romântico Val Fex," bem como "delícias culinárias em vários restaurantes originais." A minha esposa sempre foi uma pedinchona por coisas românticas, e eu sempre sou um pedinchão por deleites culinários, assim este era o nosso tentativo plano ao entrar na viagem. Não obstante, no mapa da região fornecido pelo hotel, há um outro caminho ancorado em Furtschellas que é denominado *Wasserweg,* literalmente

---
206   N.T. trilhos de caminhada.

"water way". É assim chamado por ligar seis pequenas lagoas. Ao contrário do outro caminho, o *Wasserweg* é um *loop*; tomar esta rota permitir-nos-ia retornar a Furtschellas e descer de teleférico. Também parece ser mais curta do que a primeira rota e mantém-nos em altitude. Como o primeiro percurso, este também parece oferecer comida num ponto intermédio chamado Rabgiusa, o qual parece, a partir do mapa, ser um belo lugar para parar e descansar.

Nós hesitamos sobre esta escolha por alguns minutos, no entanto definitivamente, com a força das suas lagoas e um pouco mais de comprimento, o *Wasserweg* vence e nós partimos para a esquerda.

Embora as lagoas sejam o que procuramos, a primeira presença de humidade a que chegamos, em apenas alguns minutos de caminhada, é a neve. Sim, neve no dia 4 de Julho. Apenas um trecho, lembre-se, mas ainda assim algo memorável para nós Americanos. Nós corremos para tocá-la como se fosse algo que nunca tivéssemos visto antes, coisa que é claramente apalermada—somos Mainers. Eli pula directo no meio do alvo, dizendo que vai esquiar sobre isto nas suas sapatilhas. Assim que ele se flecte, Sam empurra-o. Depois duma breve luta de bolas de neve, nós seguimos em frente.

Os lagos são de facto espectaculares. Eles lembram-me um pouco do lago no topo da Tumbledown Mountain, o lago mais alto do Maine e que fica perto do Mt. Blue na minha terra. Uma vez Rosie e eu aproveitámos a nossa "playdate"[207] de verão lá em cima, e Rosie capturou a essência do local perfeitamente quando ela disse: "Bom lugar para um castelo." O *Wasserweg* também seria um bom lugar para um castelo, embora seja bastante diferente. Aqui estamos acima da linha de árvores, de modo que a vegetação não é mais floresta mas pequenas flores Alpinas e, ao redor de cada lago, alguma brilhante relva verde.

Em cada lago, nós encontramos uma placa comemorativa

---

207 N.T. recreação e convívio para as crianças, programado pelos pais.

de uma série de ocasiões, vários anos atrás, quando seis crianças locais foram baptizadas nestes lagos, uma por lago, e os habitantes locais chamam o lago segundo o nome da criança. Isto parece-nos uma bela ideia.

O nosso grupo de Judeus na nossa terra finaliza o jejum do Yom Kippur a cada ano no Center Hill em Weld, um local de incrível beleza—uma livre elevação com uma vista espectacular do Lago Webb e de um anel de montanhas. Eu fico a imaginar o que Nietzsche teria pensado da maneira como a religião contemporânea procura conectar-se com a beleza da natureza. Os tradicionalistas religiosos desprezam isto, no entanto parece-me uma maravilhosa tentativa de misturar a reverência do paganismo pela beleza natural com a transcendência do monoteísmo. A principal reclamação de Nietzsche contra o Cristianismo é o seu "outro mundo", como ele o denomina.[208] Se ele tivesse encontrado um rito Cristão ligado à beleza natural destes altos lagos Alpinos, eu acho que ele teria gostado bastante.

Miriam nota que as datas dos baptismos são todas no outono. Presumivelmente isto era para evitar a presença de turistas do verão e do inverno (e na primavera o solo seria exactamente como no Maine—bastante lamacento). Os baptismos devem ter sido muito comoventes, com toda a cidade a caminhar até aos lagos no frio e limpo ar do outono. Todos teriam ficado em silêncio enquanto um bebé chorava na água fria e ao sol brilhante.

Nietzsche escreve que as montanhas têm olhos—os lagos delas são os seus olhos.[209] Eu não tenho ideia por que diz ele isso—afinal, o que poderiam os lagos estar a ver? Suponho que ele estivesse a pensar na sua circularidade e mágica reflectividade azul. É uma daquelas ímpares e desguarnecidas passagens nos escritos de Nietzsche, as quais contribuem tanto para ele ser

---

208   Entre muitos outros lugares, veja Z I.3 e I.9.
209   GM III.8

prezado pelos seus leitores—um pouco de individualidade infantil e poética que ele não tem medo de compartilhar de forma impressa. Todavia, eu não acho que ele quisesse exprimir estas lagoas particularmente; como eu tenho dito, não acho que ele se tenha aventurado tão alto na montanha. Talvez ele estivesse a imaginar a vista a partir daqui de cima. A partir desta altitude, o Lago Sils e o Lago Silvaplana parecem mesmo um par de olhos profundos no vale abaixo de nós, com a cidade de Sils situada no meio como um nariz e Piz Pilaschin a servir como a testa. Claro, poderia ser um daqueles desenhos reversíveis, e então a montanha em que estamos seria a testa. Eu suponho que isto depende da perspectiva de cada um. O mapa fornecido pelo hotel realmente leva em conta o perspectivismo, mostrando o vale duas vezes, o vale visto do lado sudeste, onde nós estamos agora, e visto do lado noroeste, e as duais perspectivas são muito úteis para alguém se orientar. Afinal de contas, quanto mais perspectivas se tentam mais acertada será a apreensão, já que não há um ponto de vista único que possa fornecer o que todas as visões parciais podem fornecer colectivamente.

Finalmente chegamos a Rabgiusa, altitude de 2444 metros, onde o mapa indica que há comida disponível. No entanto, quando lá chegamos, tudo o que vemos é uma cabana de tábuas. O nosso primeiro pensamento é que o restaurante deve ter fechado desde o tempo em que o mapa foi impresso. Mas então percebemos que o restaurante é provavelmente aberto apenas no inverno, que é a estação movimentada aqui em cima—nós deveríamos ter pensado sobre isto a partir dessa perspectiva.

Agora a questão é: O que fazemos? Já passou do meio-dia e estamos com fome. Porém o almoço não será servido aqui durante mais de quatro ou cinco meses, pelo menos. Temos apenas lanches mínimos—um punhado de amendoins e o nosso último par de combinacões de *gianduiotto e grissini* da estação de comboios de Milão—e mais de metade do nosso circuito de caminhada ainda por percorrer.

Começa outra sessão de hesitação. As crianças às vezes ficam frustradas com a forma como tomamos decisões em grupo, com cada um expressando uma perspectiva, e com toda a negociação, algumas considerações propostas e um momento depois retiradas, tudo numa tentativa de chegar a um consenso. Mas é uma forma de democracia, uma tentativa de encontrar um ponto de equilíbrio entre as considerações concorrentes, mesmo que no final, depois de ouvir as opiniões das crianças, Vicky e eu acabemos por tomar a decisão.

As críticas de Nietzsche à democracia estão entre as mais injuriosas, por exemplo, quando ele lamenta a ascensão da democracia na Europa da sua época:

> Hoje... somente o animal de rebanho recebe e distribui honras na Europa, [e] 'igualdade de direitos' poderia facilmente ser transformada em igualdade ao violar direitos—quero dizer, numa guerra comum em tudo o que é raro, estranho, privilegiado, o homem superior, a alma superior [etc]...[210]

A sua compreensão da democracia parece exigir que haja vencedores (os anteriormente desfavorecidos) e perdedores (os indivíduos únicos que agora estão nivelados numa igualdade imposta), e eu acho que isso possa ter feito algum sentido na Europa do século XIX, onde uma estabelecida classe aristocrática foi rebaixada por sucessivas ondas de acção democrática. Isto é menos verdadeiro na América do século XXI, onde a tendência actual parece estar em direcção a menos igualdade e em direcção ao desenvolvimento e entrincheiramento de uma distinta classe aristocrática. Contudo, a advertência acerca do conformismo é seguramente bem tomada, e além disso, para Nietzsche

---
210 BGE 212

(que não era realmente um nobre, embora afirmasse em *Ecce Homo* ser descendente da nobreza Polaca[211]) o subsequente é provavelmente o factor mais importante na sua crítica:

> *Apart.*—Parlamentarismo—isto é, permissão pública para escolher entre cinco básicas opiniões políticas—lisonjeia e ganha o favor de todos aqueles que gostariam de *parecer* independentes e individuais, como se lutassem pelas opiniões deles. Em última análise, no entanto, é indiferente se o rebanho é comandado a ter uma opinião ou permitido a ter cinco. Quem quer que se desvie das cinco opiniões públicas e se distancie sempre terá todo o rebanho contra ele.[212]

A advertência de Nietzsche pode ter mérito, porém eu diria que tal violência figurativa na democracia não é necessária. Tal como na democracia da família Cohen (quando funciona), deveria ser possível, em princípio, que todos os cidadãos fossem participantes iguais na discussão e na tomada de decisões sem que a sua individualidade fosse prejudicada.

Por fim, nós decidimos continuar e completar o circuito que começámos. Logo no início encontramos outros caminhantes, e em pouco tempo reconhecemos as pessoas com quem subimos no teleférico. Eles tinham virado à direita em Furtschellas, enquanto nós tínhamos virado à esquerda, mas acontece que eles estavam de facto a caminhar no mesmo circuito que nós, somente na outra direcção.

Heraclito, um antigo filósofo grego que Nietzsche muito admirava por ter originado a visão de que o mundo não é senão constante fluxo—e é por isso que "tu não podes entrar duas vezes no mesmo rio"[213]—também disse: "O caminho para cima e o caminho para baixo são um e o mesmo."[214] Estes são clássicos

---

211 EH sábio.3
212 GS 174
213 Fragmento 91
214 Fragmento 60

paradoxos Heraclitianos. Isto é uma estrada em certo sentido, porém também são duas estradas diferentes, dependendo da sua direcção de viagem. Tal como o rio, a sua natureza mutável e flutuante é necessária para a sua natureza inalterável e identidade própria. Assim como o rio *tem* de estar a mudar para permanecer o mesmo—isto é, ele tem de continuar fluindo para ser um rio e não apenas um longo e magro lago—assim também a estrada tem de ser duas vias diferentes a fim ser a mesma estrada, porque uma estrada conecta dois lugares em qualquer direcção e assim necessariamente tem dois aspectos diferentes. E isto é um pouco de perspectivismo clássico. O caminho para cima e o caminho para baixo são o mesmo caminho, porém eles também são muito diferentes dependendo da sua perspectiva, assim como o 4 de Julho é o mesmo dia tanto na Suíça como nos EUA e mesmo assim não o mesmo dia. Nós estamos a andar no mesmo caminho que as pessoas com quem subimos no teleférico, só que estamos a subir em vez de descer e, em certo sentido, são dois caminhos diferentes.

Neste caso, porém, há uma boa razão para que eles tenham começado para a direita e não para a esquerda, e nós rapidamente aprendemos qual é: Onde o ponto mais alto do circuito está. Eles seguiram a máxima do alpinista experiente de fazer primeiramente a subida mais difícil, enquanto se está fresco, e gradualmente descer depois. Nós, ignaros e hesitantes amadores, em contrapartida, temos passado a maior parte da nossa caminhada indo para cima e iremos acabar desfrutando a facilidade da descida somente por um curto período de tempo no final. É o mesmo caminho, e no entanto não é o mesmo caminho.

Para ajudar a aliviar esta inesperadamente extenuante caminhada e torná-la mais divertida para nós mesmos, nós os seis decidimos eliciar olhares estranhos dos excursionistas cumprimentando-os em seis idiomas diferentes: *Hello, Shalom, Bonjour, Buongiorno, Güten Tag,* e *Bun di* (esta última é uma saudação Romanche que aprendemos apenas no dia anterior). O perspectivismo também pode ser divertido.

Haus de Sonho de Nietzsche

TELEFÉRICO para baixo e autocarro para casa, no entanto não há tempo para pôr os pés ao alto—temos de chegar lá antes que feche. Nós forçamos a descida dos duzentos metros de rua para a Nietzsche-*haus* por uma terceira vez. Desta vez o prédio está aberto, e desta vez nós entramos. Alguns passos para cima e, através da singela porta de madeira, estamos nós no interior.

Eu permaneço parado no *hall* de entrada por um longo tempo, reparando em tudo, levando tempo a olhar para tudo, com a intenção de recordar tudo isto. Para mim isto é um santuário.

A primeira sala à direita é onde se paga a entrada, bem como onde se compra livros e cartões-postais. Durisch, o senhorio de Nietzsche, também era um comerciante de especiarias e chá, e a configuração da sala faz-me pensar que a loja era provavelmente aqui mesmo. Imagino Nietzsche entrando de vez em quando para comprar um pouco de chá.

Na primeira sala à esquerda estão os expositores museais das primeiras edições de todas as suas obras. Eu desloco-me lentamente de livro para livro, admirando as capas, lendo e relembrando os parágrafos que foram digitados em pequenos cartões 3 x 5. Há algo pitoresco e do século XIX acerca destes expositores, pintados de branco em lhana madeira e vidro. Não há tecnologia de ponta, de *displays* com teclas, neste museu—é tanto um monumento à cultura do livro quanto um monumento a Nietzsche.

Há também uma variedade de memorabilia, incluindo fotos dele em Weimar durante a sua catatonia.

Assombrando a sala de um local no alto da parede está a sua máscara mortuária, um modelo de gesso do seu rosto feito antes do enterro. Parece macabro, porém isto era um costume comum nos dias que antecederam a fotografia e tornava muito mais fácil criar e armazenar representações do falecido. O período de tempo de Nietzsche está na cúspide dessa mudança—a fotografia estava em pleno andamento e temos muitas fotos dele, porém o costume da máscara mortuária ainda continuava.

Tenho a certeza de que aqueles que afixaram a máscara mortuária de Nietzsche no alto da sala tinham em mente uma das passagens dele mais famosas:

> Tudo o que é profundo adora máscaras... Um homem dissimulado que instintivamente precisa de falar em relação ao silêncio e em relação ao sepultamento em silêncio e que é inesgotável na sua evasão de comunicação, *quer* e vê para isto uma máscara dele que deambula no seu lugar através dos corações e cabeças dos seus amigos. E supondo que ele não quisesse, ele ainda perceberia algum dia que, apesar disso, uma máscara dele está lá—e que isso está bem. Todo espírito profundo precisa de uma máscara: ainda mais, em torno de todo espírito profundo, uma máscara está a crescer continuamente, devido à interpretação constantemente falsa e *superficial* de cada palavra, cada passo, cada sinal de vida que ele dá.[215]

Com certeza lá está a sua máscara mortuária suspensa e incompreendida acima de nós, os visitantes dele. Contudo a máscara mortuária também o faz presente na sala de alguma forma—não apenas os livros dele, mas o próprio homem.

---
215 BGE 40

Estou eu apenas começando a comungar com Nietzsche e eis que a minha família passa a correr, em direcção à saída. "Vamos às compras descendo a rua," diz Vicky, e lá foram eles. Parece-me que nós viemos por todo este caminho apenas por isto, e então eu meio que gostaria que eles estivessem mais afim disto, todavia, mesmo assim, eu estou feliz por estar sozinho, ninguém a apressar-me, com bastante tempo para estar com o meu amigo.

Ele titubeia ao meu lado na parte de trás da casa, ainda no andar térreo, para uma sala que abriga especiais exposições temporárias. No verão de 2008, a exibição é dedicada à primeira tradução de Nietzsche em Inglês, um esforço multivolume editado por Oscar Levy (também Judeu, tal como Brandes) e publicado entre 1909 e 1913. Um conjunto completo da primeira edição está lá, junto com painéis exibindo a história do projecto e minibiografias de tradutores.

Entre os tradutores estava um par de mulheres (o que colocaria em questão a reputação de Nietzsche como misógino muito tempo atrás), incluindo uma Inglesa de nome Helen Zimmern. Zimmern encontrou-se com Nietzsche, primeiro em Bayreuth e mais tarde quando ela passou alguns verões em Sils Maria. Ela tinha traduzido Schopenhauer para o Inglês e isso levou Nietzsche a mencioná-la especificamente numa carta como um possível tradutor para o Inglês de *Crepúsculo dos Ídolos*.[216] Não demorou muito para que Levy lhe pedisse para ajudar com o seu projecto, de qualquer modo, as obras que ela acabou por traduzir foram *Humano, Demasiado Humano* e *Para Além de Bem e Mal*. O hotel em Sils Maria em que ela ficou aquando da visita, o Alpenrose, era um dos hotéis onde Nietzsche costumava tomar os seus almoços. Eles reuniam-se para as refeições e também para as longas caminhadas. Existe até um relato encantador de estarem a remar no Lago Sils.

Nada mais há no primeiro andar depois da sala da

---
216 Carta para Peter Gast, 9 de Dezembro de 1888 = Middleton # 190

exibição especial. Uma escadaria revela uma cave com lavatórios e armazenamento de apoio ao museu, mas nada de interesse. Então, finalmente, nós os dois subimos as escadas.

Há um quarto neste andar que pode ser reservado por estudiosos se eles estiverem a fazer pesquisa na *haus*. Parece não estar ocupado agora, e com brevidade pondero tentar lá dormir esta noite antes de eu ter presente a minha família e o maravilhoso Hotel Seraina. Há também uma pequena sala no sótão, sob os beirais, para onde os estudiosos têm enviado livros que eles têm escrito acerca de Nietzsche como uma espécie de homenagem. Eu examino as prateleiras e reconheço a maioria deles em Inglês. Se ele soubesse desta prática teria ficado lisonjeado e gratificado, este homem que outrora vaticinou que um dia haveriam cadeiras universitárias inteiramente dedicadas a Zaratustra.

Mais alguns passos, e finalmente—eis o quarto de Nietzsche, na parte traseira da casa, no canto sudoeste.

Eu permaneço por um longo tempo na porta, olhando por cima da corda de veludo que bloqueia a minha entrada. Eu não esperava uma barreira—mas é claro que a proibição não é surpreendente. O quarto tem sido renovado justamente como era quando ele lá morava: cama, cómoda, lavatório, cadeira e escrivaninha, tudo muito lhano. Estranhamente a mobília está numa configuração diferente da imagem que aparece em Krell e Bates. Acho isto um pouco inquietante, pois significa que pelo menos uma destas duas diferentes configurações deve ser historicamente imprecisa. Então eu considero que o próprio Nietzsche provavelmente reorganizava a mobília de vez em quando ao longo dos anos, durante o equivalente a vinte e um meses de vida aqui. No canto mais distante está a janela com vista para o caminho que conduz ao prado alpino cheio de flores que nós percorremos ontem de manhã.

Como teria sido viver aqui? Nietzsche subiria à quietude duma montanhosa cidade Suíça. Ele escreveria, ele caminharia, ele escreveria um pouco mais. Refeição do meio-dia no Alpenrose, talvez alguma conversação com Helen Zimmern, depois mais caminhada e escrita. A sala encara o oeste e teria a sua melhor luz à tarde, embora o real pôr-do-sol fosse escondido pelas montanhas. Depois da ceia, alguma leitura e de seguida para a cama. Imagino adormecer com a janela ligeiramente aberta, o ar tão quieto e claro e com aroma de pinho, sabendo que, do lado de fora daquela janela, há um caminho que leva a um prado alpino cheio de flores.

Deixo Nietzsche sentado no seu local habitual, na cadeira ao lado da escrivaninha, e desço as escadas para a loja. Ali eu compro um livreto sobre a casa e alguns cartões-postais, os quais eu eventualmente afixarei na parede do meu escritório. Alguns são fotos antigas do próprio Nietzsche, da *haus*, do pedregulho piramidal e da placa (mas onde *está* ela?). Alguém imprimiu um cartão-postal com as palavras "*und Nietzsche weinte*" ("e Nietzsche chorou")—o título de um romance de Irvin Yalom, o qual foi transformado num filme que eu tenho seguido mas que me pareceu muito infiel à história real de Nietzsche, eu não consegui aguentar—somente a palavra *weinte* foi riscada e substituída por *lachte* transformando isto em "e Nietzsche riu". Para provar este ponto, o cartão-postal tem uma dúzia de fotos de Nietzsche no seu auge, em todas sorrindo ou rindo e parecendo bem-vestido (foi dito que Nietzsche era bastante dândi durante a sua formação universitária e nos primeiros tempos de professorado).

Na minha saída, eu pergunto ao gerente da livraria sobre a famosa placa e aponto para a foto do cartão-postal que eu tinha acabado de comprar.

"Nós procurámos, mas não conseguimos encontrá-la," digo eu.

Ele fica perplexo por um momento e inclina a cabeça para o lado. "Você procurou?"

"Sim, em Surlej, por intermédio do pedregulho."

Então ele entende. "*Ach,* não, isso está em Chastè!"

"CHASTÈ!" Digo eu: "Está em Chastè! Nós estávamos a procurar no lugar errado! Vamos lá! Mas Vicky e as crianças não entendem a minha excitação. Elas fizeram compras e estão agora absortamente a relaxar. Mas eu não posso ficar parado no quarto do hotel. Estou em Sils Maria e continua um dia lindo e eu acabei de saber que a placa que eu julgava estar no pedregulho está realmente em Chastè, e Chastè está apenas a um quilómetro de distância ou algo assim. Este é o nosso penúltimo dia aqui, e este é o dia, diz o Livro de Salmos, em que cantamos e rejubilamos.[217] Numa espécie de êxtase nietzschiano, eu saio rapidamente pela porta.

NIETZSCHE adorava a península de Chastè, um longo, estreito e arborizado espeto invadindo o Lago Sils do lado leste. O nome vem de um castelo em ruínas localizado no meio da península. Como se soubesse da linha de Rosie ("bom lugar para um castelo"), Nietzsche escreveu uma carta a um amigo em 1883, no seu segundo verão em Sils Maria, admitindo a ideia maluca de construir a sua própria *haus* de sonho neste local.[218] Toda a península é agora território público e poderia muito bem já ter sido no século XIX. De qualquer modo, isto é uma encantadora e humanizante anedota: Nietzsche sonhando a sua *haus* de sonho, um lugar para fugir do seu já remoto refúgio em Sils Maria na hospedaria Durisch.

---

217 Salmo CXVIII
218 Carta para Carl von Gersdorff, 28 de Junho de 1883 = Middleton # 116

Eu ando pelo centro de Sils Maria através de alguns atalhos por ruelas—sim, existem mesmo em tão pequeno lugar - e saio do outro lado para o aberto território entre Sils Maria e Sils Baselgia. Navegar nos atalhos por ruelas dá-me muito orgulho—nós só estamos aqui há pouco tempo, no entanto eu tenho estudado o mapa e agora estou a colocar esse empenho em uso prático.

Em Nice e Turim eu aventurei-me sozinho em recados ao serviço da minha família, porém esta é a minha própria missão. Navegando sozinho por mim próprio, galgando ao meu máximo andamento, deixando para trás a família e a cidade, eu chego de novo a um sentimento familiar, o qual sempre foi verdadeiro para mim: Quando eu estou sozinho, sinto-me como ele. Quando eu estou sozinho, estou aberto para mim mesmo e para o mundo, e reflexiono os meus pensamentos filosóficos e os meus pensamentos não tão filosóficos, ao meu próprio andamento natural e ininterrupto. Outras pessoas criam outros centros de interesse, outros focos. Quando se trata apenas de mim, há um fluxo ininterrupto entre mim e o mundo. Eu estou notando tudo, aberto a cada ponto de vista e panorama.

Percebo, por exemplo, que a península de Chastè é densamente arborizada e cheia de pequenos montes, vales e cumeadas, efectivamente muito parecida com o Maine. Acho que é um pouco inquietante que ele quisesse que a sua *haus* de sonho fosse em tal paisagem, muito similar com a paisagem da minha casa actual.

O caminho ao longo da margem sul da península corre ao lado de um conjunto de postos aos quais os barcos estão atracados. Enquanto vou passando eu imagino Nietzsche e Helen Zimmern nas indumentárias do século XIX, desajeitadamente a entrarem num barco a remos. Às vezes pergunto-me se houveram algumas faíscas românticas entre eles—estarem os dois a sós num barco a remos num lindo dia no Lago Sils teria sido uma ocasião bastante íntima. Ela tinha trinta anos quando se conheceram, apenas dezoito meses mais nova do que ele (a mesma diferença de idade que Vicky e eu compartilhamos). Nietzsche descreve-a numa carta como "Uma mulher muito inteligente, muito vivaz, uma Inglesa, é claro, uma Judia!"[219] Mas, tanto quanto sabemos, nada aconteceu, nem mesmo no barco a remos. Eu acho que Nietzsche provavelmente estava muito assustado com o caso de Lou Salomé para novamente arriscar algo com uma mulher. Por sua parte, Zimmern deu uma entrevista anos depois[220] em que confessou que na época ela não tinha entendido muito do que ele disse filosoficamente. Ela referiu que ele era dado a citar *Zaratustra* (três quartos do que ele havia completado até então) na mínima oportunidade, mesmo que ninguém o tivesse lido, incluindo Zimmern. Posso muito bem imaginar que Nietzsche dizia muitas coisas na conversação cujo significado exigiria que se tivesse lido todos os seus livros para entender completamente, e é claro que ela ainda tinha muitos anos pela frente até aos dias da sua tradução das obras dele. Ela confirmou também que ele era gentil e encantador, e refutou vigorosamente a alegação de que a loucura de Nietzsche tinha começado prematuramente, antes do colapso dele. Elizabeth e os outros proto-Nazis muitas vezes recorreram a esta afirmação num esforço para justificar o facto de que os publicados escritos dele eram tão claramente opostos ao programa nacionalista e anti-Semita deles.

Nesta entrevista, Zimmern atesta que Nietzsche tinha vários outros contactos com mulheres em Sils Maria naquele verão. Havia, por exemplo, as Fynns, mãe e filha (ambas chamadas Emily) a quem Nietzsche realmente instou a *não* ler as obras dele porque ele sabia que o devoto Catolicismo Inglês

---

219 Veja Gilman 169, onde uma pessoa anónima entrevistando Zimmern cita uma carta em que Nietzsche descreve Zimmern desta maneira. Infelizmente a data da carta não é dada.
220 Living Age, Novembro de 1926. Parte da entrevista está em Gilman 166-169. Se você ler Alemão, veja a biografia de Janz, Vol II, 314ss, para mais informações sobre a amizade de Nietzsche com Zimmern.

delas ficaria ofendido. Havia também uma jovem Russa chamada Mansurov, acerca de quem Zimmern conta uma história notável: O estado mental de Mansurov ficara tão perturbado que um médico aconselhou-a a ir para um sanatório, porém no dia da sua programada partida ela não podia ser persuadida a deixar o seu quarto de hotel. Foi Nietzsche, finalmente, quem subiu e foi capaz de persuadi-la a entrar na carruagem.[221]

Krell e Bates documentam o facto de que outros verões trouxeram outras mulheres para o círculo dele em Sils Maria— Resa von Schirnhofer, uma estudante de filosofia, e Meta von Salis, uma feminista Suíça que permaneceu na casa de Durisch algumas vezes—de acordo com Krell e Bates, as primeiras mulheres a obterem doutoramento na Suíça.[222] Ambas as mulheres ficaram felizes por conversar com Nietzsche e até o procuraram quando chegaram à cidade; elas referiram que ele era gracioso e respeitoso.[223]

Tudo isto nos dá uma impressão muito diferente da usual, a reconhecida sobre um Nietzsche mergulhado no isolamento e irremediavelmente misógino após o caso de Lou Salomé. O homem que tanto reclamou nas suas cartas acerca do isolamento social, e que muito fez deliberadamente para manter esse isolamento—que se autodenominava em duas cartas "o eremita de Sils Maria"[224]—tinha ali um mundo social considerável e continuou a conhecer novas pessoas ao longo dos seus anos de andança nómada, e dentre essas pessoas várias mulheres.[225] É verdade que depois do caso de Lou Salomé ele nunca mais expressou sentimentos por uma mulher, no

---

221 De todas os episódios humanizadores que eu contei neste livro – o seu amor pelo chocolate, o seu plano para um sonho, etc.—este é o que ainda me surpreende: a delicadeza e a sensibilidade entre humanos que deve ter tido, e ele com a sua própria visita ao sanatório a poucos anos de distância...
222 Krell e Bates 148; veja também 156.
223 Schirnhofer tinha realmente procurado Nietzsche originalmente como parte dos estudos dela, em Abril de 1884 em Nice, e entre outras coisas eles assistiram juntos a uma tourada (!). Salis foi quem comprou a Villa Silberblick, em Weimar, e doou para Elisabeth como residência para cuidar de Nietzsche durante a catatonia dele.
224 Veja Middleton # 126 e # 145.
225 Muitos homens também—eu estou omitindo-os ainda agora.

entanto a máscara que ele usava incluía uma "cortesia", como ele a chamava, em relação às verdadeiras mulheres com quem ele interagia. Estas mulheres consideravam-no inofensivo—"Poderia ser este o mesmo Herr Nietzsche que escreve aqueles livros horríveis?"—e elas descreviam o modo de falar dele como cativantemente poético.

"Eu sou uma coisa, os meus escritos são uma outra questão," escreve ele na sua autobiografia,[226] e muitos estudiosos dizem que nós devemos manter os dois separados. Mas o próprio Nietzsche disse, como vimos anteriormente, que tira proveito de um filósofo na medida em que o filósofo serve como um exemplo de vida. Parece que os filósofos ensinam-nos como viver tanto pelos seus escritos quanto pelas suas vidas. E Nietzsche assim nos ensina a viver com genialidade e delicadeza ao mesmo tempo em que ele explode tudo intelectualmente.

Eu alcanço a ponta da península em cerca de meia hora.[227] Só tenho tempo de mexer num par de arbustos para tentar encontrar a placa—sem sucesso—antes de voltar para não ficar fora do jantar (aprendemos que no nosso hotel um jantar às 7:00 significa que eles esperam que vocês estejam nos seus lugares às 6:55). Nessa noite eu faço a bênção do Sabate com uma taça de Veltliner, certamente um préstimo para tal que Nietzsche nunca imaginou.

---

226   EH books.1
227   Nietzsche observa numa carta que a sua caminhada até Chastè leva cerca de meia hora também. Veja Krell & Bates 154-55.

Terra dos Meus Filhos

NÓS ESTAMOS de volta na manhã seguinte, todos os seis esquadrinhando na península de Chastè, e Sam finalmente encontra a placa. Ali está, à vista de todos, afixada a uma pedra numa pequena clareira, voltada para a ponta da península a oeste. Eu estive ontem a poucos metros de distância dela, todavia não olhei na direcção certa. Doze olhos são melhores do que dois.

Todos nos reunimos na clareira à frente da placa, no que poderia muito bem ser a sala de estar da *haus* de sonho de Nietzsche. Encontramos pedras e troncos e chão limpo para nos sentarmos, Vicky distribui lanches e depois temos a nossa última discussão filosófica da família acerca da viagem.

A placa contém as palavras finais do penúltimo trecho de *Assim Falava Zaratustra*.[228] Zaratustra chama a isto o seu "canto da embriaguez". Aqui estão as palavras em alemão:

> *O Mensch! Gieb acht!*
> *Was spricht die tiefe Mitternacht?*
> *»Itch schlief, ich schlief -,*
> *Aus tiefem Traum bin ich erwacht: -*
> *Die Welt ist tief,*
> *Und tiefer als der Tag gedacht.*
> *Tief ist ihr Weh -,*
> *Lust—tiefer noch als Herzeleid:*
> *Weh spricht: Vergeh!*
> *Doch alle Lust will Ewigkeit -*
> *- will tiefe, tiefe Ewigkeit!*

---

228 Z IV.19.12

E aqui está a tradução de Kaufmann (a qual eu realmente não gosto—explicarei abaixo o porquê):

> O man, take care!
> What does the deep midnight declare?
> "I was asleep -
> From a deep dream I woke and swear:
> The worls is deep,
> Deeper than day had been aware.
> Deep is its woe;
> Joy – deeper yet than agony:
> Woe implores: Go!
> But all joy wants eternity
> - wants deep, wants deep eternity."

Kaufmann conduz a sua tradução para fazer a rima em Inglês da maneira que está em Alemão, o que eu suponho ter o seu valor. Geralmente eu prefiro traduções mais próximas do literal, mesmo que a rima seja perdida, e é assim que eu traduzo isto para a minha família:

> O man, get tough!
> What speaks the deep midnight?
> "I sleep, I sleep
> Out of a deep dream I am awoken
> The world is deep,
> And deeper yet than the day knows.
> Deep is its owe -,
> Joy—deeper still than heart-pain:
> But all joy wants eternity
> —wants deep, deep eternity!"

> Ó homem, sê duro!
> Que fala a profunda meia-noite?
> "Eu dormia, eu dormia
> De um sonho profundo eu sou acordado.

O mundo é profundo
E mais profundo ainda do que o dia imagina.
Profunda é a sua dor—,
Júbilo—mais profundo ainda do que a mágoa:
A dor fala: Desaparece!
Mas todo júbilo quer eternidade
—quer profunda, profunda eternidade!"

É o *gieb acht*[229] na primeira linha que é a questão principal. O "take care" de Kaufmann é razoável o suficiente e, é claro, rima com "declare" e "swear". Também se encaixa com o uso contemporâneo da expressão—*achtung*—que é como os alemães alertam as pessoas sobre o perigo. Outra tradução razoável seria "Pay attention!"[230], e embora não rime, seria perfeitamente apropriado neste contexto, uma vez que é claro que Nietzsche quer que as pessoas percebam e levem a sério o profundo mistério da vida.

Mas eu gosto de "get tough"[231], e aqui está o porquê. A mesma expressão, *gieb acht,* é a expressão que encerra a passagem "Por que tão moles?" que discutimos em Èze, aquela que Nietzsche foi inspirado a escrever depois de testemunhar aqueles que preferiram o caminho fácil e apanharam a carruagem para o topo da colina. Lá, "get tough" é claramente o significado. Lá, a tradução de Kaufmann tem "become hard", continuando o tropo na passagem que contrastava carvão e diamante. Novamente esta é uma tradução bastante razoável, todavia, com *gieb acht* tendo sido traduzido de maneira diferente nas duas passagens, o leitor Inglês perde a conexão. E tem de haver uma conexão, porque as duas passagens estão no mesmo livro, e Nietzsche não escolhe as suas palavras descuidadamente.

Eu apresento isto aos meus filhos. "O que quer dizer ele com este poema?" Pergunto-lhes eu. "Na passagem inicial, a de Èze, nós entendemos por que gostaria ele que as pessoas

---
229 N.T. tem cuidado
230 N.T. "Presta atenção"
231 N.T. "sê duro"

fossem duras: Moleza, na perspectiva dele, é o que está errado na sociedade moderna—as pessoas tomando o caminho mais fácil, o caminho seguro, em vez de se esforçarem para criar, inovar, alcançar, para se tornarem mais fortes e, por extensão, para impulsionarem a sua cultura. Mas aqui, na passagem da placa, ele está a falar de júbilo—o que tem isso a ver com dureza?"

Eli começa: "Quando estamos tristes nós desejamos que a vida acabe, mas quando estamos felizes nós queremos que dure para sempre."

"Como se relaciona isso com a passagem na subida da colina?" Pergunto eu.

Sam: "Bem, em vez de evitar as dificuldades, ou explicá-las, Nietzsche está a dizer-nos para confrontá-las e, quando assim se faz, isso trará crescimento. Tal como ele fez com aquela enxaqueca de três dias que tu nos contaste."

Eu compartilho uma outra passagem de *Zaratustra*: "Se tu tens um inimigo, não lhe retribuas o mal com o bem... de preferência, prova que ele te fez algum bem."[232]

"Por outras palavras," digo-lhes, "ele está a dizer que quando alguém vos prejudica, não dêem viço, *a despeito de,* ao que vos foi feito (e pelo amor de Deus não dêem a outra face!)—de preferência, provai que a pessoa beneficiou-vos apesar das más intenções dela e deste modo, tirando proveito da dor, vós tornais isto uma parte necessária da vossa aprendizagem e crescimento. A ideia é crescer a partir do vosso sofrimento. É uma maneira radical de vós pensardes acerca da vossa vida—ver o mal não apenas como suportável ou ofuscado pelo bem, mas realmente necessário para qualquer benefício que vós tenhais."

Rosie: "Bem, e se tu fizesses isso, tu poderias realmente afirmar o eterno retorno, já que tu serias capaz de ver por que razão tudo o que aconteceu contigo foi necessário."

Miriam: "Sim, o que acontece contigo faz de ti quem tu és."

Vicky: "Mas isso faz com que pareça passivo, como se estivesse apenas acontecendo contigo. Ele parece estar a dizer que tu tens de te esforçares para transformar o mau em algo bom—isso não vai acontecer por si só."

"Lembrai-vos também", digo-lhes eu, "que afirmar o eterno retorno é a definição de Nietzsche para um momento de júbilo. Então quando vós sois duros vós cresceis, e crescimento, na visão dele, é o momento quintessencial do júbilo."[233]

Enquanto grupo, nós ficamos em silêncio. Ocorre-me que a nossa viagem completou o círculo, desde o *gieb acht* em Èze ao *gieb acht* na Península Chasté, desde o desafio para crescer mais forte ao reconhecimento de júbilo em enfrentar os desafios da vida. Eu olho ao redor dos meus filhos. Eles podem estar a reflectir acerca da discussão ou podem estar apenas a apreciar o ar resplandecente e o sol reflectido no lago. De qualquer forma, eu sinto-me feliz por nesta viagem eles terem tido a oportunidade de conhecer Nietzsche.

---

[233] Veja A 2.

Epílogo

QUANDO TERMINA uma jornada? Poderia ser ao sair do hotel ou ao apanhar o voo para casa, ou finalmente ao chegar a casa, mas eu escolho terminar aqui este livro de memórias da filosófica viagem, na ponta da península de Chastè na nossa última manhã em Sils-Maria .

Pois é lá então que eu percebo o que esta viagem realmente significava. Eu tinha visto isto como uma oportunidade de reflectir sobre a exequibilidade da filosofia de Nietzsche, sobre a sua relevância e utilidade para a vida. Ao visitar as três residências favoritas dele, onde ele fez muito da sua escrita, proporcionou-me possibilidades para relatar o seu pensamento e a sua vida, bem como relacionar ambos com a minha vida, tão diferente da dele. Em Nice eu senti-me profundamente atraído pelo que chamei de vida do caderno Nietzschiano, e recordei frutuosamente algumas das suas ideias mais poderosas: o perspectivismo, por exemplo, e o eterno retorno. Em Turim, porém, eu fiquei mais impressionado com o valor na minha vida dos laços sociais que ele não tinha—casamento, paternidade e tradição religiosa—e vi-me afastando de algumas das suas ideias também, como o seu elitismo e a sua rejeição de democracia. Seria agradável se de alguma forma, aqui em Sils-Maria, pudesse haver algum tipo de resolução. Observando os meus filhos, pós-lanche e pós-discussão, retomando a cabriolante discussão na sala de estar da *haus* de sonho de Nietzsche, faz-me pensar que eu poderia ter encontrado algo.

Sócrates, na manhã do que ele sabe que será o seu dia de morte (segundo a cena fictícia do imaginário de Platão), relata que ele tem um sonho recorrente em que ele ouve uma voz dizendo: "Sócrates. Pratica e cultiva as artes."[234] Nietzsche alude a esta história quando ele escreve que o filósofo ideal seria "um Sócrates que pratica a música".[235] Eu interpreto-o como sendo alguém que combina o tipo de mente racional e lógica, pela qual Sócrates é famoso, com uma alma que está aberta à importância das emoções: "Na música as paixões se divertem."[236] Tal mistura, Nietzsche parece-me estar a dizer, resultaria no melhor tipo de filósofo.[237]

Trazendo os meus filhos à terra de Nietzsche, e discutindo a filosofia dele ali mesmo na sala de estar da sua *haus* de sonho, sugere-me uma outra maneira de combinar vidas de uma frutífera tensão, uma outra combinação filosófica ideal—um Nietzsche com filhos. A vida a solo com um caderno significa mais, penso eu, quando o que você está a pensar inclui relacionamentos reais[238], especialmente aqueles que envolvem

---

234   *Fédon* 60e, trans Grube.
235   BT 15—Nietzsche, na verdade, é mais correcto do que a maioria dos tradutores Ingleses de Platão, já que a palavra Grega para se estar comprometido com as artes é *mousikos*.
236   BGE 106
237   Como acabei de notar, eu leio "música" na frase de Nietzsche para ser um substituto para todas as artes e, de facto, para todas as nossas emoções e outros afectos não racionais. Mas eu admito que ele pode ter querido dizer isso literalmente, e se assim for ele provavelmente imaginou-se como um possível candidato para este papel, pois ele era um talentoso pianista (especialmente na improvisação) e, além dos seus escritos filosóficos, compôs várias peças musicais para piano (incluindo uma composição para um poema de Lou Salomé, como mencionei anteriormente). Quando Nietzsche compartilhou as suas composições com Wagner, o último disse: "Oh Fritz—tu és muito bom," um insincero elogio, se é que foi. Mais tarde, quando Nietzsche ouviu que Brahms havia lido *Para Além de bem e mal* com interesse, ele resolveu enviar algumas das suas composições para Brahms. Brahms agradeceu-lhe por enviá-las mas não disse mais nada; isto não parou Nietzsche de exultar que Brahms lhe tinha agradecido porque este gostava da sua música. Para mim, as peças para piano de Nietzsche soam um pouco como Chopin mas não tão boas. Elas têm sido gravadas, por John Bell Young e outros, para que você possa ouvi-las por si mesmo.
238   Eu não quero dizer que a palavra "filhos" neste parágrafo exclua os sem-filhos—eu acho que pode ficar aqui para todos os relacionamentos humanos profundos, aqueles que Nietzsche, o qual dificilmente usava com alguém o familiar pronome na 2ª pessoa, especial-

um relacionamento real e pessoal com o futuro. E ter filhos fornece-me um fundamento e uma base para o real filosofar que não é tão abstracto a ponto de perder o contacto com a vida. O objectivo filosófico de Nietzsche ao longo da sua carreira, através das suas várias mudanças e desenvolvimentos intelectuais, era sempre descobrir como afirmar a vida. Embora não tenha pensado nisso quando me tornei pai pela primeira vez, eu vejo agora que isso é o que eu realmente escolhi sem saber. Ter filhos afirma que a vida vale a pena ser vivida, não apenas meramente mas *por causa de* todos os seus desafios. Vivendo perigosamente, no entanto com uma clara justificação.

Ao mesmo tempo, eu não consigo imaginar-me a viver sem aquela voz inesquecível na minha cabeça, apontando as coisas, olhando por detrás da superfície, buscando as origens profundas das coisas, impulsionando as minhas suposições, aprofundando as minhas ideias, criando desafios próprios. Assim como alguém precisa de dois olhos para enxergar em três dimensões, ter outra mente para bater de frente também torna a visão da vida tridimensional. Esse é o lugar de Nietzsche na minha vida, mas também, vejo eu agora, o lugar da minha esposa e filhos.

"Agora eu ordeno-vos que me percais e vos encontreis", diz Zaratustra, "e só quando vós me tiverdes abandonado eu voltarei para vós."[239] Para seguir Nietzsche, você tem que rejeitar Nietzsche. Eu andei nos passos dele em Nice, em Èze, em Turim, em Sils-Maria e na Península Chastè, no entanto eu sigo-o melhor, passei eu a acreditar, na terra dos meus filhos:

> Ai, para onde ainda deverei eu subir agora com o meu anseio? De todas as montanhas olho eu à procura de pátrias e mátrias. Mas em lugar nenhum encontrei o meu lar; um fugitivo sou eu em todas as cidades e uma partida em todos os portões. Estranhos e motivo de escárnio para

---

mente perdeu.
239 Z I.22.1

mim são os homens de hoje a quem o meu coração recentemente me atraiu; e sou expulso de todas as pátrias e mátrias. Assim, eu agora amo somente *a terra dos meus filhos*, ainda não descoberta, no mar mais distante: para isso eu ofereço as minhas velas para ir à procura.

Estou pronto para ir pra casa.

SOBRE O AUTOR

JONATHAN R. COHEN is a professor of philosophy at the University of Maine Farmington. His first book was *Science, Culture, and Free Spirits: A Study of Nietzsche's Human, All-Too-Human* (Humanity Books, 2010), and his next project concerns Nietzsche's philosophy of music. With their four kids currently scattered up and down the East Coast, he and his wife together maintain a stretch of the Appalachian Trail.

INDEX

A Gaia Ciência	2, 206
Arthur Danto	22
Assim Falava Zaratustra	2, 21, 73, 74, 101, 180, 181, 229
A Vontade de Poder	19, 20, 45
Bates	2, 20
Bórgias	169
Brandes	21, 147, 221
Chagall	105, 107, 108, 111
Chamberlain	2
Chasté	233
Crepúsculo dos Ídolos	2, 161, 170, 221
Das Velhas e Novas Tábuas	74, 75, 103
Descartes	25
Die Meistersinger	15
Dioniso	145, 146
Ecce Homo	2, 8, 17, 47, 54, 88, 102, 145, 166, 180, 216
eterno retorno	23, 74, 75, 81, 82, 86-89, 93, 154, 202, 204-207, 233, 234
Èze	3, 66, 72, 73, 74, 79- 81, 85-96, 99, 102-105, 114, 150, 180, 231-233, 236
Genealogia da Moral	2, 37, 126
Gilles Deleuze	13
Hollingdale	2, 22, 87
Humano, Demasiado Humano	2, 60, 61, 221
Kant	25, 199
Kaufmann	2, 19, 21, 22, 65, 87, 108, 110, 144, 230, 231
Kierkegaard	2, 77
Krell	2, 20
Lou Salomé	3, 176, 177, 179, 181, 226, 227, 235
Napoleão	42, 154, 157, 169
Nice	105
Nietzsche Archiv	21
Novo Testamento	126, 127

O Anticristo 2, 108
O Nascimento da Tragédia 2, 12
O Velho Testamento 127

Para Além de Bem e Mal 2, 47, 61, 110, 140, 142, 155, 221

Paul Rée 16, 17, 177, 178, 179, 180
perspectivismo 9, 43, 45, 46, 47, 49, 50, 51, 62, 154, 214, 217, 218, 234
Peter Gast 36, 70, 140, 144, 186, 195, 221
Platão 155, 235

Reginald Hollingdale 22
República 155
ressentimento 37, 141

Sils Maria 3, 6, 7, 14, 75, 161, 187, 188, 194, 196, 198, 210, 221, 224- 227
Silvaplana 195, 203, 205, 206, 208, 214
Sócrates 26, 101, 169, 235
Stefan Zweig 29
Stendahl 110
St. Moritz 6, 194, 195, 196

Talmude 157
Tautenberg 178, 180
The Dawn 87. 88
The Good European 2, 6, 71, 74, 102, 148
Turim 3, 5-8, 14, 33, 54, 58, 63, 117-122, 128, 130, 135-140, 143-146, 148-154, 160-163, 166, 170, 182, 184-187, 196, 209, 225, 234, 236

vontade de poder 75, 162, 165, 166, 167, 168, 169

Wagner 2, 13, 15, 16, 17, 18, 28, 29, 35, 78, 108, 145, 177, 235

Zaratustra 2, 21, 24, 33, 54, 65, 73, 74, 82, 83, 87, 101, 103, 159, 180-182, 192, 202, 222, 226, 229, 232, 236

Zimmern 221, 223, 225, 226, 227
Zweig 29

www.ingramcontent.com/pod-product-compliance
Lightning Source LLC
Chambersburg PA
CBHW030240170426
43202CB00007B/63